Ana García~Gayoso

MANUAL
PARA ORGANIZAR UNA
BODA
PERFECTA

*(Y sin saltarse
una sola norma
de protocolo)*

© Ana García-Gayoso Lorenzo, 2022
© Editorial Almuzara, S.L., 2022

Primera edición: septiembre, 2022

Editorial Arcopress • Colección Estilo de vida
Edición: Ana Belén Valverde Elices
Diseño y maquetación: Fernando de Miguel

Síguenos en @AlmuzaraLibros

Imprime: Kadmos
ISBN: 978-84-17828-59-2
Depósito Legal: CO-1245-2022
Hecho e impreso en España - *Made and printed in Spain*

Editorial Almuzara
Parque Logístico de Córdoba. Ctra. Palma del Río, km 4
C/8, Nave L2, nº 3. 14005 - Córdoba

«Con las manos abiertas para darte cuanto tenga,
con los ojos cerrados para seguirte donde vayas».

15 de octubre de 2016

Índice

PRÓLOGO 11
INTRODUCCIÓN.. 15
¿QUIERES CASARTE CONMIGO? 19

PREPARATIVOS Y PROVEEDORES... 21
   1. Presupuesto.. 21
   2. *Wedding planner*.. 26
   3. Iglesia o ceremonia civil 30
   4. Espacio.. 35
   5. Belleza... 38
   6. Foto.. 46
   7. Vídeo 51
   8. *Catering* 57
   9. Flores 63
   10. Iluminación 74
   11. Sonido... 75
   12. Menaje 80
   13. Papelería... 84
   14. Autobuses... 89
   15. ¿Regalos invitados?.. 91
   16. Viaje de novios.. 93

PROTOCOLO: ROPA Y CELEBRACIONES.. 99
   ROPA... 101
   Novia.. 102
   Novio.. 109
   Madrina.. 112
   Madre de la novia y resto de invitadas.. 114
   Pajes... 116
   CELEBRACIONES... 119
   Petición de mano.. 119
   Preboda.. 123
   Ceremonia.. 127
   Aperitivo.. 131
   Almuerzo o cena... 132
   Baile.. 136
   Barra libre 138

DE NOVIA A NOVIA.. 141

PRÓLOGO

por Cristina Martínez-Pardo Cobián,

diseñadora de Navascués

Cuando Ana contactó conmigo para que prologara este libro dudé en un principio. No tenía muy claro por qué me había elegido a mí y, mucho menos, si yo me había ganado tal merecimiento.

Acepté y como todo escrito merece, inicié un pequeño periodo de reflexión previo que, por minúsculo que fuera, resultó muy revelador. Inmersa en ese proceso me di cuenta de los motivos de su propuesta: somos muy parecidas. Veo en ella un reflejo fiel de lo que yo era hace unos años. La imagen de una mujer emprendedora, valiente, capaz de sobreponerse a las dificultades y con ganas de trabajar por su pasión. Y eso me gusta.

Ana ha sido capaz de posicionarse en la última década como el blog nupcial por excelencia, profesionalizando ese nicho y ofreciendo una plataforma atractiva para todos, para acabar siendo también, a través de RUMOR, una de las agencias de comunicación y eventos más potentes del momento. Tengo que decir que, en nombre del equipo de Navascués y en el mío propio, es todo un orgullo ver reflejado nuestro trabajo en muchas de sus publicaciones. Siempre nos ha tratado con mimo, rigor y profesionalidad, fiel reflejo de cómo es también su persona.

Buceando entre la información que tenemos sobre ella a golpe de clic, me quedo con su explicación acerca del *slogan* que siempre ha abanderado sus publicaciones: «La vida hay que celebrarla». Esto da a entender la clase de persona que es: una de esas mujeres del siglo xxi que son capaces de todo y que, por su forma natural de concebir la vida, quieres tener cerca tanto personal como profesionalmente.

En mi caso llevo más de 40 años en el sector de la moda nupcial y he aprendido a valorar a esa clase de personas que, como Ana, te hacen la vida más agradable. Ni más ni menos… Nuestro mundo es de por sí maravilloso, romántico, delicado…, pero siempre tienes que intentar rodearte de personas que te carguen las pilas y que sumen para que en los momentos de zozobra sean capaces de tirar de ti.

Por todos estos motivos estoy segura de que *Manual para organizar una boda perfecta* será un auténtico éxito y ayudará a despejar el camino y las dudas de muchas novias que, como ella, decidan organizar su boda con ilusión, sentido y dedicación. Si buscas un modelo a seguir, no sueltes este libro que ha caído en tus manos, ¡estás en el lugar correcto!

Felicidades a todas las novias y, en especial, a la autora.

Con cariño, Cristina.

INTRODUCCIÓN

Desde niña siempre me he sentido hechizada por la idea románti-
ca del matrimonio. Eso de que alguien te escoja entre la multitud
para pasar el resto de su vida a tu lado me parecía —y aún hoy me
lo parece— lo más grande que le puede pasar a una persona. Con
razón, y tanto, mi madre siempre ha afirmado con rotundidad que
«quien acierta en casar, no le queda en qué acertar» y yo, casada
desde 2016, secundo abiertamente su moción.

Y con ese romanticismo peliculero de amor y lujo metido en el
tuétano, llegó también mi pasión por la moda nupcial y mi más absoluta admiración por el entramado empresarial nupcial español.

Años antes, allá por 2010 mientras trabajaba en banca sin ninguna vocación ni motivación, decidí empezar a escribir mi blog
homónimo (antiguamente conocido como *La Champanera*) y con-
jugar mis pasiones veinteañeras: la escritura, la moda nupcial y la
organización de eventos.

En aquella época a menudo cogía el puente aéreo de las 07:00
con destino Barcelona. Antes de llegar, en el taxi aún mentalizán-
dome para enfrentar el día, observaba a lo lejos con cierta tristeza
y resignación la fábrica de Pronovias. No hubo ni una sola vez que
no fantasease con la idea de descubrirla por dentro.

No me hubiera creído entonces que pocos años después y gracias a una mezcla de suerte, determinación y esfuerzo, estaría pa-
seándome (no una ni dos veces) por todas sus plantas, saludando

a su entonces presidente Alberto Palatchi, disfrutando de la celebración de su 50 aniversario, entrevistando a Hervé Moreau —su director creativo desde 2013 hasta 2019— para la revista HOLA, viendo en exclusiva el ensayo de su desfile anual y aplaudiendo sinceramente desde el *front row* año tras año hasta la fecha sus tan reconocidas internacionalmente colecciones.

Tampoco me hubiera creído entonces que una editorial se pondría en contacto conmigo para escribiros un libro y desgranaros todo lo que he aprendido durante los últimos 20 años como devoradora de revistas de bodas, como editora de uno de los primeros blogs nupciales, como directora de RUMOR —la primera agencia de comunicación española especializada en el sector nupcial— y, por supuesto, como novia.

Sabiendo que no lo sé todo, con mi mayor ilusión y humildad, con una perspectiva honesta, personal y acompañada por grandes profesionales del sector, os comparto mis mejores consejos e ideas para organizar una boda especial sin descuidar una sola norma de protocolo.

¡Empezamos!

¿QUIERES CASARTE CONMIGO?

No estaríamos aquí si alguien no hubiera preguntado aquello de «¿Quieres casarte conmigo?».

En mi caso, me pasé todos los lunes del primer semestre de 2016 reportando actualidad con mi buena amiga Carla Rojo Casado:

Carla: Bueno, ¿te lo pidió ya?

Yo: No, pero yo ya he empezado a avanzar con la lista de invitados. No me van a caber en el invernadero de la finca que me gusta.

Carla y yo nos matábamos de la risa y, aunque pocas lo confiesan, estoy convencida de que no éramos las únicas manteniendo los lunes —como un ritual— una conversación similar, si no idéntica.

Estaba al acecho, pero la pregunta de mi marido el 1 de julio de 2016 me pilló absolutamente desprevenida.

Yo: Mañana es tu cumpleaños ¡y no me ha dado tiempo a comprarte nada! ¿Qué quieres de regalo?

Gonzalo: Que pases el resto de tu vida a mi lado.

De la nada, sacó un maravilloso anillo de la joyería Vendôme (que con los nervios saqué rápidamente de la caja y yo misma me lo coloqué en el dedo) y, sin titubear, contesté: «¡Sí!».

Aquel viernes, sin esperar al lunes, llamé a Carla. Y aquel sábado, celebrando su cumpleaños en la terraza de Rubaiyat, cerramos la fecha para el 15 de octubre de ese mismo año.

Tenía tres meses y medio para organizar la boda. No había tiempo que perder.

PREPARATIVOS
Y PROVEEDORES

I. Presupuesto

Después del primer «sí, quiero» —el segundo será ya legalmente vinculante—, lo primero que hay que hacer, por poco romántico que se sea, es hablar de números. Sin excepción. Es la única forma de organizar una boda con cabeza y la única manera de poder disfrutar de los preparativos.

Efectivamente, y con la clara intención de que no sea de otra manera, solo te casas una vez en la vida. El problema es que bajo esta premisa a veces los novios se desmadran económicamente o, lo que es peor, ponen a sus padres entre la espada y la pared para que sean ellos los que pierdan el norte con sus ahorros.

Hay que ser maduro, sensato y objetivo con las posibilidades de cada uno para poder hacer unos números en los que todas las partes implicadas se sientan cómodas, intentando siempre adaptarse a aquel que menos «posibles» tiene y jamás a la inversa.

Yo, personalmente, he aplaudido las bodas sencillas sin complejos acordes a las posibilidades de los novios y sus familias así como las bodas discretas sin grandes demostraciones de poder aun pudiendo pero no queriendo. Y, por último, las bodas también discretas de familias adineradas en plena crisis por mera cortesía hacia sus invitados. No hay derroche ni exaltación económica que valga jamás más que eso.

Por lo que, puestos al lío, habría que desgranar primero:
a) Un presupuesto común, aquel que incluye el *catering*, las flores, los autobuses, etc., a dividir entre las dos familias a razón de porcentaje de invitados.
b) Otro presupuesto individual de cada familia destinado exclusivamente a belleza y vestuario, tema al que más adelante le dedicaré páginas y páginas.

Eso de que todo lo pague la familia de la novia (a excepción del vestido de novia, que era regalo de los padres del novio a su futura nuera) hace ya muchos años que, afortunadamente, ya no es así. Ni hablar tampoco de la dote (aquí una licenciada en Derecho, perdonadme la vena legal), que según el Derecho Romano es una donación especial que se hace al marido, de parte del *páter familias* de su futura mujer, con la finalidad de contribuir a las cargas económicas derivadas de la celebración del matrimonio y su futura vida en común.

Mejor volvamos al presente. Si son los padres los que pagan, aun queriendo agradar a sus hijos proporcionándoles la boda que han imaginado, están en su derecho de tomar decisiones sobre la misma y es obligación —yo diría que hasta natural— acatar sus preferencias con respeto e infinita gratitud. Ese «control» obviamente desaparece si son los novios quienes se responsabilizan de los costes, pudiendo también intentar complacer a sus padres en algunos aspectos.

Hablando de presupuestos, lo que puede ayudar a sufragar la boda tanto si los padres colaboran económicamente o no, es la lista de bodas. Un tema también engorroso —esta vez para con nuestros invitados— pero totalmente necesario.

Partiendo de la base de que a nuestros amigos los invitamos sin esperar nada a cambio, es verdad que no está de más la creación de una lista de bodas para facilitarles a ellos la gestión del pertinente regalo y evitarse los novios la recepción de 7 vajillas.

Y yo os recomiendo que no hagáis una sola lista de bodas, yo diría que más bien dos. ¡Incluso tres!

Física. Hay 2 motivos que sostienen la creación de una lista de bodas en una tienda especial con multitud de opciones y amplio rango de precios, escogiendo —si cabe— el mayor número de productos con precios que oscilen entre los 125€ y los 400€:

1. Algunos invitados prefieren realizar un regalo físico, sobre todo los invitados de mayor edad o proximidad.
2. Es difícil que encuentres en tu vida un momento oportuno para comprarte una buena vajilla, una cristalería con la que celebrar la Navidad dentro de 15 años, una mantelería artesana, una obra de arte, etc.

Por mi parte, mi lista de bodas física soñada está en Mestizo Store, A-Típica Living, Pontigas, Basset Antiques... y otro millar de tiendas de decoración y antigüedades maravillosas. También, por supuesto, en El Corte Inglés, por todas las ventajas y variedad de opciones que ofrece.

Económica. Hay novios prácticos y también invitados que no quieren complicarse la vida y prefieren dar por zanjado el regalo a golpe de *click*.

¿Número de cuenta o lista de bodas virtual? Como el resultado es el mismo —a excepción de las comisiones de la versión digital—, ahí no me meto.

Es la opción menos protocolaria, la verdad. Y si contamos con ella para «financiar» la boda es mejor siempre hacer un cálculo a la baja.

Viaje de novios. En una agencia de viajes o no, hay amigos que quieren regalarte algo más personal que un juego de bandejas práctico y bonito y prefieren sentirse parte de vuestra boda en mayor medida.

Si el grupo de amigos se une para pagar a los novios los billetes de avión a Japón o un matrimonio amigo regala una maravillosa cena en la azotea del hotel Park Hyatt de Tokio donde se rodó *Lost in Translation*, ¡me parece de lo más especial! Si además los novios agradecen el regalo con una foto *in situ* —aunque sea vía *WhatsApp*— y en directo siempre que el wifi lo permita, ¿qué más se puede pedir?

Nuestros amigos Andrew y María nos regalaron a Gonzalo y a mí esa supercena de la que os hablo —que fue además la última noche de nuestra luna de miel— y no lo olvidaremos jamás.

Se dice que un regalo de boda tiene que cubrir, como mínimo, el cubierto. Entiéndase el cubierto como el coste de *catering* por persona. Me parece un cálculo un tanto enrevesado y al final cada invitado regala lo que quiere y lo que puede en función también de la proximidad que tiene con los novios. Pero como invitados también tenemos que ser considerados. Un regalo especialmente tacaño —no teniendo dificultades— resulta tremendamente descortés y al final el mensaje que le llega a los novios es que al invitado o no le importa quedar mal o no le importa, peor aún, su relación con los novios. Porque si de verdad es ese el trasfondo real de un regalo escueto —por decirlo de alguna manera— es mejor agradecer la invitación y declinarla. Yo recuerdo haberme llevado un pequeño disgusto con un regalo que me enviaron y que, francamente, me dolió recibir.

Sea cual sea el regalo (transferencia, vajilla o incluso refrito), hay que agradecerlo inmediatamente y no demorarse más de un par de días desde su recepción. Por escrito, honestamente, siempre resulta más formal y elegante. Por *WhatsApp*, preferiblemente no. Sea como fuere, hay que llevar la lista al día para que no se acumulen 50 llamadas de agradecimiento por la recepción de regalos.

¿Y qué pasa cuando estamos invitados a una boda y no podemos ir? Recuerdo que por cuestiones de agenda —y también por la poca previsión que dimos a nuestros invitados entre la invitación y la boda en sí— nuestros amigos Miguel y Gabriela que viven en México no pudieron acudir a nuestra boda. Sin embargo, el día antes de celebrarla en su ausencia me llegaron a casa unas flores preciosas con una tarjeta cariñosísima firmada por ambos. Y ese mismo regalo lo repetí con ellos cuando su boda coincidió con el 40 aniversario de bodas de mis padres. Y me anoté la idea como un buen gesto de afecto a tener en cuenta.

Partiendo de esta base, comenzamos con la contratación de proveedores del día B.

En mi caso, el reparto de tareas y la toma de decisiones sobre la boda no fue totalmente equitativa, aunque en mi defensa he de decir que yo tampoco me considero una novia al uso.

En cualquier caso, es clave aclarar desde el principio quién se encarga de qué y quién tendrá la voz cantante en cada decisión para tratar de evitar al máximo roces y tensiones, siempre con el presupuesto delante tratando de no caer en la tentación casi diaria de alterarlo.

Quizás los novios pueden escoger el espacio, la novia la decoración, los padres de la novia el lugar de la ceremonia y los padres del novio el vino. Es solo un ejemplo, pero creo que dar a cada uno un campo de actuación no está de más.

Os podéis imaginar que yo tomé la mayoría de las decisiones, pero Gon también tuvo su área de mando en el menú, el maridaje, toda la música de la boda —desde la ceremonia a la penúltima canción de la fiesta (mi amigo Íñigo Merodio siempre consigue cerrar las bodas de sus íntimos con el himno del Real Oviedo)— y el viaje de novios. Y yo, sabiendo que él estaba disfrutando con sus temas, pude disfrutar de los míos: el espacio, la decoración, las flores, los detalles… ¡y todo lo demás!

Y es que no hay nada más terrible que convertirse en la temida *bridezila* desquiciada por todo o en una suegra intensa, pobrecilla ella, que no termina de entender que no es lo mismo la boda de un hijo que de una hija.

2. Wedding planner

Dicho todo lo anterior, antes de ponernos a escoger y contratar proveedores, es el momento de decidir si queremos contar con los servicios de una *wedding planner* profesional o no. Porque si es que sí, podremos entonces sacarle el mayor partido a su contratación.

No sé si os habéis fijado en un pequeño matiz: profesional. Ciertamente es un sector con un alto intrusismo en el que muchas novias, por ejemplo, después de divertirse organizando su boda, deciden adentrarse en el sector a pesar de:

— No tener ningún tipo de formación ni experiencia
— No tener una agenda de proveedores fiables
— No poder facturar por no estar dadas de alta como autónomas o por no haber constituido una sociedad
— No tener oficina ni, por supuesto, equipo
— No tener un *portfolio* de negocio propio: toda su web e IG está llena de fotos de Pinterest que llaman «inspiración».

Pero ¿es que la gente no tiene derecho a empezar un negocio de cero?, ¡por supuesto que sí! Pero siempre advirtiendo al cliente:

— Presentando una acreditación de reciente formación (Máster/curso o prácticas con una *wedding planner* reputada)
— Aceptando proyectos muy sencillos, de poca envergadura, para ir ganando experiencia
— No incluyendo en su *portfolio* trabajo de otros, ¡importantísimo!
— Y ofreciendo una tarifa de servicio muy reducida

¿No os parece más razonable así?

Con una presentación honesta y humilde es el cliente el que decide qué opción le compensa más, valorando todos los pros y los contras.

Porque una *wedding planner* novata difícilmente tiene experiencia con generadores de luz, por ejemplo, ni es capaz de resolver

Decoración del invernadero donde celebramos la cena de nuestra boda ideada por la wedding planner *Cartu Calderón de Aguinaga y el florista Daniel Pando. Foto: Click10 Fotografía*

problemas importantes que afectan a la celebración al completo: un camión que se vuelca a la salida de la finca con el mobiliario alquilado y daña una estructura de la finca, un espacio que cierra 2 meses antes de la boda por carecer de licencia o el reciente coronavirus, que obliga a posponer bodas indefinidamente con poco margen de maniobra tanto para los novios como para sus invitados.

Me imagino que a estas alturas ya me habéis visto el plumero: soy una defensora a ultranza de la labor y el servicio de un *wedding planner* profesional, un trabajo muy laborioso que exige muchas horas y mucha paciencia pocas veces valorada en su justa medida.

Muchas solo ofrecen un servicio completo para la organización de la boda (desde el principio hasta el final, desde la elección de la fecha hasta el cierre y recogida de la celebración), pero otras también la posibilidad de contratar únicamente la coordinación y/o decoración de la boda. ¡Eso ya depende de las necesidades de cada uno!

En todo caso, no quiero dejar de destacar los 5 motivos fundamentales por los que yo os animo a contratarlos desde el inicio hasta el cierre de fiesta:

— La confianza y la tranquilidad que da a los novios contar con un profesional formado y con experiencia que puede dar forma al millón de ideas que tienes en la cabeza sin salirte del presupuesto.

— Un *wedding planner* diseña, planifica y ejecuta un plan A pero también, precisamente importante en estos momentos, un plan B.

— Además, la ayuda de un *wedding planner* es valiosísima. Por un lado ayuda a resolver problemas, a prevenirlos, a contratar a los proveedores más idóneos para tu celebración y a hacerlo en el momento oportuno. Vive al día de las normativas Covid para eventos y, mientras, también te ayuda a personalizar tu boda, a que todo esté a tu gusto y a añadir valor y diferenciación a tu evento.

— Otro motivo poderoso para contratar los servicios de un organizador de eventos profesional es que la gran mayoría de nosotros vivimos a contracorriente, y un *wedding planner* nos puede ahorrar todo ese estrés derivado de la organización. Y tanto es así, que la planificación de la boda no te parecerá la verdadera tarea compleja que es.

— Y por último, la verdad, ninguna hermana, prima, mejor amiga y un largo etc. quiere verse repartiendo abanicos, puros, organizando autobuses, reuniendo a los grupos para las fotos... Precisamente vuestros invitados más cercanos tienen que disfrutar tanto como vosotros.

Además de estos motivos principales (¡la lista es interminable!) hay otro fundamental a sumar a la lista: con su ayuda también tendréis acceso a presupuestos más ajustados y con el ahorro podréis llegar a cubrir parte de su presupuesto. Y esto es francamente importante, pues es lo que le pone el lazo a su servicio: cobrar un honorario fijo, el cual queda perfectamente definido en el contrato, sin comisiones y sin excepciones. Porque entiendo que, cuando se ha firmado un honorario que ha resultado justo para ambas partes, el valor añadido de un *wedding planner* profesional también es negociar el mejor precio a favor de sus clientes sin que su «pedazo de tarta» y/o comisión repercuta negativamente en la cuenta final de los novios.

Pero contéis o no con un organizador de eventos no podéis dejar de atender a los siguientes consejos en cuanto a otros proveedores de boda se refiere.

3. Iglesia o ceremonia civil

No es un proveedor de boda como tal, pero de una forma u otra también hay que contratarlo. Como ocurre con algunos espacios o determinados fotógrafos que cotizan al alza, hay que andar con brío para cerrar nuestra fecha en la iglesia que nos interesa.

Cuento con que todos, antes de decantarse por una ceremonia religiosa, han hecho un examen sincero de conciencia. Y al hilo quiero contaros dos anécdotas.

La primera es que mi abuela Luz se disgustó mucho conmigo cuando le dije que Gonzalo y yo habíamos decidido celebrar únicamente una ceremonia civil. Traté de amainar su pena con los siguientes razonamientos que a mí, al menos, me parecían potentes:

— Precisamente como había sido creyente y practicante entiendo que la comunidad cristiana que a la iglesia acude con fe se merece un respeto

— Además, ¿no es mejor tener una nieta coherente y sincera que una nieta que se casa por la Iglesia sin ningún tipo de fe y arrastrada por la corriente?

No debieron ser muy efectivos, pues mi abuela no desistió en su deseo de que pasáramos por vicaría hasta el último día. ¡Ay lo que hubiera disfrutado ella enseñando en sus meriendas este libro escrito por su nieta!

La anécdota número 2 ocurrió en 2014, y la recuerdo con mucho cariño. Una amiga muy devota que se casaba ese año no podía celebrar una ceremonia religiosa —por estar su prometido separado sin haber logrado la nulidad eclesiástica— y se sentía terriblemente apenada. Le puse en contacto con don Jesús Haro, un sacerdote de lo más encantador y entrañable que fue durante mis últimos años de creyente (e incluso mis primeros de atea) mi «párroco de cabecera» y don Jesús, que además de una persona encantadora también era un hombre actual, la alivió con la siguiente afirmación: «Hija mía, el día de tu boda la persona más importante está a tu lado, no en frente».

Dicho esto, si una ceremonia religiosa es 100 % el caso, antes de escoger la iglesia hay que valorar el número de invitados. Una catedral —o cualquier otro espacio sagrado de grandes dimensiones— parece el lugar oportuno para una boda con numerosos invitados. Sin embargo, no lo es tanto para una boda íntima con menos invitados. En este último caso, una capilla pequeña resultaría mucho más acogedora, y más recogida la celebración de la ceremonia.

En esos templos muy demandados seguramente tendréis que acordar una decoración floral común con el resto de novias que se casan ese día y prorratear el gasto. Algo sencillo es la mejor opción.

Aunque el párroco os informará de la documentación que necesita, os adelanto que, al menos en España, será la siguiente:
— Fotocopia del DNI
— Partida de bautismo (se solicita en la parroquia en la que se bautizaron)
— Certificado de confirmación
— Fotocopia del libro de familia
— Certificado del cursillo prematrimonial.

Además, los novios deberán personarse con 2 testigos no familiares cuya labor y compromiso será velar por la pareja y por la relación.

Si, por el contrario, la ceremonia es civil, estas son vuestras opciones:
— En las oficinas o dependencias del Registro Civil, con un juez encargado del Registro Civil o un juez de Paz
— En una Junta Municipal
— Con un notario o secretario judicial con el que acordar una fecha, un horario y un lugar (como una finca) determinado.

Por experiencia propia os recomiendo que empecéis con estas gestiones cuanto antes, más si os casáis en Madrid. Gonzalo y yo nos presentamos en el Registro Civil a mediados de julio para comenzar con el papeleo con la ilusión de que el 15 de octubre la

Subiendo al altar de nuestra ceremonia civil. Foto: Click10 Fotografía

ceremonia que organizásemos fuese legalmente vinculante. Pero no sucedió como teníamos en mente.

Cuando fuimos conscientes de que no íbamos a llegar a la fecha con los papeles pertinentes, tuvimos que escoger. Y decidimos celebrar «el fondo» tal y como lo teníamos en mente con nuestra familia y amigos en una ceremonia preciosa y personal y dejar «la forma», que no dura más de 10 minutos e incluye la lectura de diferentes artículos del Código Civil, para el notario y nuestra estricta intimidad. Visto con perspectiva, sigo pensando que al final tuvimos hasta suerte de no casarnos legalmente aquel 15 de octubre de 2016.

En nuestro caso, no contamos con ningún maestro de ceremonias, fueron nuestros hermanos, mi cuñada y 2 amigos los encargados de hacer de nuestra ceremonia una celebración en sí misma y de lo más emotiva en la que nosotros también nos intercambiamos unos votos que aún hoy me ponen los pelos de punta. Es buena señal que nuestros invitados lloraran y rieran a partes iguales.

Esta es la documentación que os animo a que recopiléis cuanto antes:

— Certificado de empadronamiento
— Partida de nacimiento
— Fotocopias del DNI.

Además, similar a la tramitación religiosa, deberéis acudir acompañados de 2 personas mayores de edad que corroboren que sois quienes decís ser, que no hay equívoco en la documentación que presentáis y que ambos os queréis casar.

Más adelante, cuando aborde los diferentes momentos de la boda, trataré el protocolo durante la ceremonia, ¡no os preocupéis!

4. Espacio

Afortunadamente en España hay espacios para todos los gustos y para todos los presupuestos, seas la novia que seas.

Se me vienen a la mente sin esfuerzo una veintena de espacios maravillosos como palacetes, castillos, hoteles con encanto, fincas rústicas… (Palacio de Aldovea, Palacio de Luces, Hotel Santa Catalina, Finca Aldeallana, La Gaivota…) en los que celebrar una boda de ensueño.

Como ocurre con la iglesia, es importante que el número de invitados y el tamaño de los espacios de la finca, del hotel o del lugar que se escoja estén proporcionados.

En una ocasión estuve en una boda en la que el espacio era tan grande y éramos tan pocos invitados que el ambiente resultaba un

Mi amiga Adela Estrada terminando de colocarme la cola del vestido para recorrer junto a Gonzalo el pasillo hacia nuestro altar. Foto: Click10 Fotografía

tanto desangelado, con esa sensación de estar todos perdidos y desperdigados por el lugar.

Los gestores de espacios me matarán, pero las bodas en agosto me parecen un auténtico despropósito. Durante los 11 meses restantes, ¡las considero un planazo irresistible!

Dicho esto, hay otras tres tipologías de bodas que os detallo a continuación:

— **Bodas urbanas:** Son especialmente cómodas tanto para los novios como para los invitados. Respecto a estos últimos, los que viven en la misma ciudad pueden recurrir a taxis y Cabifys para llegar e irse. Los invitados que viajan pueden alojarse en el mismo hotel de la boda y subir a la habitación en el ascensor a las 4 de la mañana descalzos con los zapatos en una mano. Bromas aparte, la gran mayoría de hoteles urbanos cuentan con restaurantes de categoría y chefs de renombre que harán las delicias de los invitados.

— **Boda destino:** He estado en varias bodas destino (Desde Uruguay hasta Toledo) y siempre me han parecido de lo más divertidas. Y por boda destino entiendo aquella que se celebra en la que todos, novios e invitados, se desplazan fuera de su lugar de origen para celebrarla. Nosotros nos casamos cerca de Villaviciosa, Asturias, y todos nuestros invitados se alojaron en la zona. Desde el jueves que empezaron a llegar los primeros invitados desde EE. UU. y Madrid, no dejamos de disfrutar y hacer planes. ¡Fue muy divertido para todos!

— **Casa familiar:** He estado en tres bodas que se celebraron en casas familiares y me rechiflaron las tres. La de Mon, Bosco y Ángela, en ese orden cronológico. Hay un *je ne sais quoi* en todas ellas difícil de expresar, un encanto especial que surge cuando alguien te abre las puertas de su casa. Hay que valorar, antes de decantarse por esta opción, los costes extras y el verdadero trastorno que supone montar semejante tinglado con adecuación de espacios, aseos portátiles, alquiler de generadores eléctricos, etc.

Escojas el espacio que escojas piensa en un plan B de frío, excesivo calor o lluvia, sobre todo en determinadas comunidades autónomas. Hace unos años acudí a una boda en Segovia en la que la cena era al aire libre y todos, mujeres y hombres, nos pelamos de frío sin poder disfrutar de la cena. Nos volvimos a casa con una sensación un tanto agridulce, y fue una pena porque se notaba que la boda estaba ideada con infinito cariño.

Es importante resaltar aquí la importancia de escoger un espacio con licencia que cumpla con toda la normativa, pues creo que no se le presta en general suficiente atención a la seguridad legal e higiénico-sanitaria exigida. El desembolso que se hace es tan importante que parece incomprensible —si lo comparamos con la compra de un coche— hacer una adquisición en un concesionario sin licencia. Esta comparativa me la trasladó un compañero del Grupo Mónico y lo cierto es que es totalmente gráfica y acertada.

Efectivamente es un día muy especial en la vida de una pareja, y creo que la ilusión que nos invade —a todos— durante los preparativos de nuestra boda hace que no nos pongamos en el peor escenario. Sin embargo, han sido muchas veces las que les han contactado parejas que se han quedado sin espacio de celebración a pocos días de su evento por problemas de licencias, quiebra, sanitarios, etc.

Aún se me ponen los pelos de punta cuando recuerdo que, tres meses después de nuestra boda, el espacio en el que nos casamos cerró por orden judicial al carecer de licencia. ¿Cómo se me había pasado por alto algo así?, ¡a mí! Di por hecho que la propietaria tenía todos los papeles en regla y es mejor no presuponer porque los novios que se casaban después de nosotros se vieron envueltos en un buen follón de buscar nuevo espacio, imprimir nuevas invitaciones… del que Gon y yo nos libramos por los pelos.

5. Belleza

Siempre que hablamos de belleza parece un campo exclusivo femenino, y no está de más que ellos también se acicalen para el gran día. Pero la realidad es que somos nosotras las que solicitamos información y presupuestos, así que voy a centrar este quinto apartado en vosotras.

— Tratamientos de belleza

Cada instituto de belleza tiene sus pautas, pero para lucir una piel bonita, la primera visita debería realizarse por lo menos 3 meses antes del día B.

En un diagnóstico previo personalizado se establece la pauta de tratamiento: oxigenar, regenerar, tratar algún problema concreto… porque la piel necesita también su tiempo para recuperarse o corregir algo específico que queremos mejorar.

Pero para que la piel esté radiante un día tan especial, se necesitan mínimo tres tratamientos fundamentales: higiene profunda con oxigenación, hidratación con luminosidad y efecto *lifting*. Porque dejar para el último momento este tipo de tratamientos es uno de los errores más comunes.

Y aunque los que me seguís en mi cuenta de IG desde hace tiempo sabéis que el mundo de la belleza me apasiona, lo cierto es que para la redacción de este apartado me puse en contacto con Biri Murias, una grande del sector con más de 30 años de experiencia a sus espaldas que dirige un centro de estética avanzada y que, por supuesto, es líder en aparatología a nivel nacional.

Para Biri ningún extremo es aconsejable: no se puede alcanzar la piel deseada con un nivel de rutina *beauty* muy bajo y en la última semana querer solucionarlo ni tampoco es recomendable hacer demasiados cambios en tu rostro antes de la boda.

Y si en algo estamos totalmente de acuerdo ella y yo es que hay que descartar los «experimentos» de última hora,

que si uno está feliz el rostro lo refleja y que después de la boda… ¡hay que seguir cuidándose!

— Maquillaje

Para que un maquillaje luzca bonito en todo su esplendor la piel tiene que estar bonita y cuidada, y por eso ponerse en manos de un profesional estético es el paso previo fundamental para que nos atienda un maquillador profesional. Sí o sí.

Después de aproximadamente 100 editoriales de novia e invitada, creedme que he trabajado con los mejores profesionales del sector y de ellos he ido recopilando todos estos años los mejores *tips*. Lorena Carbajal, Marta Gamarra de MG Beauty, Juan Carlos Hidalgo de Oui Novias, Junior de Dior, Yael Maquieira, Álvaro Talayero…

Para todos ellos la precisión, la pulcritud y la limpieza son fundamentales. Tan fundamentales como la calidad de los productos con los que trabajan: de nada sirve lucir un estilismo bien elaborado de lo más favorecedor si el nivel de los productos escogidos no acompaña y no dura toda la jornada sin necesidad de retoques.

Saben darles a sus clientas el estilismo que desean y/o necesitan, pero también un plus de confianza que a veces falta (los nervios, la presión por lucir perfectas…) aportando tranquilidad y seguridad durante todo el proceso de belleza.

Así que por un lado hay que contar con un profesional con experiencia, con el que sintamos confianza, que trabaje con productos de calidad y que, por supuesto, nos realice una prueba de maquillaje con anterioridad al día B.

Hay que tener en cuenta que el día B nuestra piel puede haber cambiado en textura y tono respecto a la prueba de maquillaje. Es decir, podemos hacer una prueba en el mes de junio para nuestra boda en septiembre, pero transcurridos esos pocos meses el sol ha resecado mucho nuestra piel y estamos mucho más bronceadas que al principio del verano. ¡Tenedlo en cuenta!

También, los temidos brillos en las fotos que se evitan utilizando una prebase apropiada debajo del maquillaje para que este permanezca intacto durante 12 horas, y añadir polvos traslúcidos y fijador en la receta definitiva del maquillaje perfecto.

Las tendencias en maquillaje merecen todo un capítulo, pero teniendo en cuenta que este es un *look* histórico y eterno, yo no me sentiría atada a seguir las tendencias *beauty* al pie de la letra. Lo más importante es sentirse una misma independientemente de las tendencias. A veces las bodas de tarde requieren de un maquillaje más intenso pero eso, queridas, es a gusto del consumidor. ¿Ante la duda? Mejor un maquillaje discreto, suave y natural.

A este último respecto, mi querida Lorena Carvajal hace una matización: «Un maquillaje natural no se traduce en un trabajo sencillo y en la aplicación de poco producto. Es, sin embargo, un proceso más laborioso que un maquillaje más evidente en el que el objetivo es resaltar los atributos propios sin estridencias y utilizando gamas de productos de efecto limpio y natural».

Es verdad que lo más cómodo es contratar a un profesional que te maquille y te peine al mismo tiempo, pero —aunque algunos hay— son pocos los profesionales que son francamente brillantes en ambos campos.

— **Peluquería**

Las premisas anteriores de profesionalidad, pulcritud, empatía, calidad de productos... son también aplicables a la peluquería.

No se puede disfrazar ni perturbar el estilo de la novia, pero en peluquería las tendencias sí van más de la mano en la boda que el maquillaje. Los volúmenes, los estilos, los complementos en el pelo (hay que llevarlos a las pruebas para que el peluquero sepa cómo colocarlos sin estropear el peinado) tienen que ser actuales además de representar a quien los lleva.

El prestigioso peluquero Julio Suárez prendiéndome el velo. Foto: Click10 Fotografía

Fue un auténtico lujo que mis amigos del sector fueran también los proveedores de mi boda, ¡no sabéis cómo disfruté en las pruebas y preparativos! Foto: Click10 Fotografía

Dicho esto, ya os habréis dado cuenta de que a mí me gusta mucho contar historias (¡así empezó mi blog con sus románticos reportajes de boda!) y respecto a la importancia del peinado (más aún si cabe que la del maquillaje), siempre que una amiga me pide consejo para su peinado le hablo de la foto de mi orla, esa que aparece en la promoción del Colegio Internacional Meres 1987-2002. El fotógrafo de semejante recuerdo, además de citarnos e indicarnos la obligatoriedad de lucir una camisa blanca, hizo hincapié en un detalle: «Venid bien peinadas. No importa que os pongáis vuestra mejor camisa, que os maquilléis a las mil maravillas y luzcáis vuestros pendientes más favorecedores. Si no os gusta vuestro pelo, jamás os gustará la foto», sentenció. ¡Y qué razón tenía!

Para concluir, en las bodas de día me encanta que los peinados empiecen regios, pero que a su vez sean desmontables para terminar convertidos en una trenza o una coleta *minimal*. En las bodas de tarde, sin embargo, los peinados suelen ser un poco más desenfadados y, en la actualidad, las coletas burbuja y las ondas *glam* son las absolutas protagonistas.

Tanto para maquillaje como para peluquería, Marta Gamarra (directora de MG Beauty, embajadora de *styling* de Schwazkopf y una colaboradora habitual de mis producciones fotográficas para mi blog e IG) me traslada que a pesar de que se contrate a una agencia de estilistas de novia, es muy importante que las novias puedan ver fotos de los trabajos del estilista que les va a asistir en su gran día.

Marta añade que hay muchas novias que llegan un poco «perdidas» sin saber exactamente cuál es el *look beauty* ideal para ellas y su vestido de novia. Así que en esos casos trabajan a la inversa, en lugar de hacer *focus* en lo que les gusta, van llegando a la idea *beauty* final a base de ir descartando poco a poco todo lo que no les gusta.

De lo que no hay duda es que, para escoger el maquillaje y peinado apropiado, idóneo y que mejor te defina, es importante sentirse cómoda y reconocerte frente al espejo. Es decir, si nunca te has pintado los labios de rojo, quizás el día de tu boda no sea la mejor ocasión para estrenarse.

6. Foto

Todos los proveedores de la boda son relevantes, y es importante que sepáis los motivos por si —fundamentalmente por presupuesto— os veis en la situación de apostar más por unos que por otros.

Pero si hay algo que no podéis descuidar a la hora de escoger un profesional, es quién realizará las fotos de vuestra boda. Ni hablar del primo, tío o cuñado que es un apasionado de la fotografía y tiene una cámara muy buena, porque eso —sin excepción— siempre sale mal. Siempre.

Así que sí, la elección del fotógrafo de la boda es una de las decisiones más importantes. ¿Por qué? Pues porque será la manera en la que recuerdes los primeros momentos de recién casados, a tus familiares e invitados, el vestido de la novia, todo lo que hayas planificado para la celebración, decoración, flores... pero lo más importante es que podrás revivir lo que sentiste un día tan especial que pasa tan rápido.

Es una responsabilidad enorme, tanto para quien escoge al fotógrafo como para el fotógrafo en sí mismo: no hay tomas falsas ni segundas oportunidades, el día no se repite y hay que saber capturar con algo de esencia los momentos clave.

Para empezar a hacer la criba, estos puntos os ayudarán:
— El **estilo**: si buscas algo más documental o si, extrañamente, eres una amante de las fotos posadas y muy editadas.
— El **idioma**: si alguno de los novios habla otro idioma o tenéis muchos invitados extranjeros es bueno que vuestros fotógrafos se manejen bien en otros idiomas.
— El *feeling* con los fotógrafos es uno de los aspectos más importantes, ya que van a ser las personas que te acompañen durante todo ese día, con acceso a momentos íntimos, y tener cierta química con ellos es vital para que todo fluya y consigan retratar vuestra mejor versión.
— Y por último, las **referencias**: el boca a boca es la herramienta más efectiva para saber si un fotógrafo es el adecuado.

Nuestra «foto del salón». Foto: Click10 Fotografía

En Instagram todos muestran su mejor versión, pero siempre es un plus poder ver qué se cuece entre bastidores.

Hablando de IG, precisamente aquí incluyo un consejo de Click10 (los fotógrafos de mi boda): una de las empresas más destacadas del sector nupcial y pionera también en fotografía social. Obviamente su cuenta de IG cuenta con fabulosas imágenes que representan diferentes momentos de diferentes bodas y diferentes novios, pero ellos siempre animan a los prometidos —antes de contratar cualquier servicio de fotografía con ellos o con otros profesionales— a que vean un par de reportajes de boda completos de otras parejas, de principio a fin. Porque en una boda se disparan unas 1000 o 2000 fotos y es bastante probable que un par de ellas sean fotones de enmarcar. Lo que sí es más difícil es que el reportaje completo sea de 5 estrellas, y a veces las cuentas de IG de otros fotógrafos muestran de forma resumida esos fotones que, en realidad, no hacen justicia a la totalidad del álbum.

Como también tengo mucha confianza con Juan y Karmen de JFK Imagen Social (a ellos les he confiado la primera edición de The Wedding Mafia Trip y las fiestas de celebración por el nacimiento de mis 2 hijas pequeñas) les pregunto abiertamente qué no puede faltar en un reportaje de boda, y ellos derivan esa decisión a los propios novios: «Hay parejas que no se quieren perder las fotos de grupo con todos los invitados y otras parejas que solo quieren robados espontáneos...» .

Pero en lo que novios, Click10, JFK y escritora coinciden es en lo que nunca puede faltar en un reportaje de boda, que es que los novios se vean reflejados tal y como son, además de esos momentos que no se preparan y que simplemente suceden. Son esos, precisamente, los que tienen un valor incalculable.

Para nuestro gran día, Gonzalo y yo escogimos un estilo documental y editorial. A ambos nos espantaba la idea de los posados y preferíamos mostrar nuestra cara más natural y espontánea. Es cierto que queríamos tener sí o sí una foto con nuestras familias y testigos, pero para el resto «volamos» libres.

Mis testigos y yo momentos antes de la ceremonia. Foto: Click10 Fotografía

No fuimos tampoco una pareja típica para el reportaje. Teníamos en total 170 invitados (150 de ellos amigos nuestros) que viajaron hasta Asturias (que no es el destino mejor conectado) desde México, Argentina, Nueva York, Boston, Londres, Ámsterdam, Suiza... y también desde todos los puntos de la geografía española solo para acompañarnos en un día que era muy importante para nosotros, pero también para ellos. Y teníamos clarísimo que queríamos pasar con nuestros amigos cuanto más tiempo, mejor.

Decidimos convocar a nuestros padres, hermanos y testigos hora y media antes de la ceremonia para poder retratarnos sin la sensación de estar perdiéndonos parte de la celebración. Porque, ¿a cuántos amigos conocéis que no han pisado el aperitivo de su boda?

Por supuesto que Gonza y yo tuvimos nuestro momento a solas antes de que todo el follón empezase y a mí se me saltaron las lágrimas cuando vi cómo Gonzalo me miraba y abrazaba ya vestida de novia. Esa fue la primera vez que lloré durante la boda.

La segunda tuvo lugar cuando mi padre (al que le acababan de dar el alta después de pasar casi un mes ingresado) apoyado en su bastón y aún con el rostro cansado, le pidió a la fotógrafa —con el pecho hinchado de felicidad y orgullo— que nos sacara una foto a los dos solos. Y claro, yo venga a llorar.

Mi foto favorita de aquel día ocurrió entre la llorera 2 y la llorera 3. Pocos minutos antes de que empezase la ceremonia, Gonzalo y yo solos, sonrientes, relajados mientras hablábamos distendidos manteniendo la misma postura como cuando paseamos por la calle: con mi mano derecha apoyada en su hombro derecho. Informal, nosotros, perfecta: nuestra «foto del salón».

La tercera ocurrió durante la ceremonia, varias veces, con determinados discursos. Y las fotos de esos 3 momentos especialmente sentidos para mí son como un viaje en el tiempo que no necesita reproducción, porque se desarrolla en mi cabeza con precisión y revivo intensamente la emoción. Qué terrible hubiera sido no tenerlos inmortalizados en una buena foto.

Algunos defienden, diplomáticamente, que los filtros son cuestión de gustos. En mi opinión, incluso cuando publico un reportaje de boda en mi blog, lo que realmente valoro es que los fotógrafos hayan sabido trabajar correctamente con la luz natural el día de la boda y que la edición sea sencilla sin filtros ni retoques excesivos: sin granulado, sin quemar ni saturar, sin aplicar un tono marrón, naranja… Es la única manera de respetar los colores originales y que las imágenes sean realmente fieles a la realidad de tus recuerdos.

Por último, ¿1, 2 o 3 fotógrafos? Pues cuanto más grande sea la boda, por puro sentido común, más fotógrafos necesitarás para poder cubrir todos los momentos y a todos los invitados.

7. Vídeo

Esta sección, la del vídeo, os la voy a contar de la mano de mis amigos de ENSU. El destino quiso que nos conociéramos en marzo de 2013 en Barcelona y que 30 minutos de conversación nos sirvieran para saber que, aun bien diferentes, seríamos amigos toda la vida.

El mismo destino que quiso también que en julio de 2016, cuando les llamé para preguntarles por disponibilidad para el 15 de octubre del mismo año, la única fecha disponible en su apretadísimo calendario fuera la de mi boda.

Ya os he dicho que somos amigos y esa amistad, os prometo, no distorsiona mi objetividad sobre su trabajo. Trabajo, por cierto, avalado también por numerosos y muy prestigiosos premios.

Ellos, Guille y Marta, tienen una sensibilidad única para captar, maquetar y retransmitir imágenes para, en definitiva, contar una historia. Así que ellos han resultado clave para poder trasladaros no solo la importancia del vídeo de boda, sino también cómo acertar a la hora de escoger a tu videógrafo.

Su vídeo, nuestro vídeo, es de otro planeta. Y precisamente por eso, por la emoción que me embarga cada vez que lo veo y las ganas que tengo de que mis hijos crezcan un poco más para compartirlo con ellos, quiero convenceros para que no renunciéis al vídeo de vuestra boda.

Con ENSU os va a pasar, doy fe, lo mismo que a Renée Zellweger con Tom Cruise en *Jerry Maguire*: con el «hola» ya os tienen.

Y toda vuestra percepción del vídeo de boda cambiará por completo cuando os animen a imaginaros la llegada del ser humano a la Luna… sin vídeo. Y tendréis que imaginar que la NASA no conservase imágenes del viaje más asombroso de nuestra especie a lo largo de cientos de miles de años de historia. Ese viaje a la Luna (16 de julio de 1969, ¡temporada alta de bodas!) es el equivalente al viaje más importante en la vida de cada pareja que se casa y lo celebra con sus seres queridos. ¿Es el día de tu boda el más feliz de tu vida? Puede que lo supere cuando tienes un hijo, pero el día de tu boda está, con toda probabilidad, en el top 3 / top 5 de días más importantes de tu vida, y es el único con la siguiente característica extraordinaria: reúnes a toda tu familia y amigos, solo durante unas horas, en un único día de tu vida. Eso equivale a viajar a la Luna, y si no lo documentas con un vídeo, tienes todas las probabilidades de arrepentirte el resto de tu vida.

Sin vuelta atrás, lamentablemente aún no se ha inventado una máquina para viajar en el tiempo, pero una forma artística sí tiene la capacidad de llevarte emocionalmente a cualquier lugar. Nos ocurre constantemente con la música que escogemos en el coche, con las fotografías que ponemos en la nevera de nuestra casa, con los libros que recordamos siempre, con las películas que nos entretienen y nos hacen reír, llorar o reflexionar.

Un buen vídeo de tu boda tiene la capacidad (impagable) de devolverte las emociones que sentiste el día de tu boda. Hágase notar el matiz «buen vídeo» para abandonar la idea de que sea tu primo —el que tiene una cámara estupenda— el videógrafo *low cost* de vuestra boda.

Ese día asistirán todas las personas importantes para vosotros, decenas de familiares y amigos, si no centenares, desde allá donde estén, solo para compartir ese día con vosotros. Os vestiréis de manera muy especial solo este día en vuestra vida. Invitaréis a todos a beber y comer lo mejor que podáis permitiros, cuidaréis al máximo la decoración floral y la música, escucharéis discursos únicos de personas muy escogidas, bailaréis con todos ellos… ¿Cómo no vais a tener un vídeo de todo eso?

Durante unos minutos, puede devolverte el calor de la compañía de tu gente, la mirada de una madre, la risa de una amiga, el éxtasis de la fiesta, la solemnidad de una lectura… ¿En qué escenario futuro esas imágenes no tienen un valor espectacular? ¿Acaso no te gustaría poder ver ahora un buen vídeo de la boda de tus padres, de tus abuelos?

Pero ¿qué tiene que tener un vídeo para ser realmente bueno? Si entendemos que un buen vídeo de boda es una máquina para viajar en el tiempo, el trabajo de un buen videógrafo no es solo crear un recuerdo de tu boda: es crear tu legado. Porque un buen vídeo de boda crea un retrato de cada pareja: la define. La manera de grabar las imágenes y el sonido, junto con la forma de combinarlo todo posteriormente para contar una historia, son la mejor definición de quién eras en uno de los días más importantes de tu vida.

Una cosa es la voluntad, está claro, y otra bien diferente el presupuesto. Y todos sabemos que rara vez ambas variables se dan la mano. Pero hay que tener en cuenta 2 cosas:

a/ el abanico de posibilidades es muy amplio, de manera que tienes oferta suficiente para poder escoger una opción que se acomode a tu presupuesto.

b/ Si analizas los números de tu boda, el porcentaje del coste del vídeo es extraordinariamente bajo. Cerrar la puerta a un legado tan importante por culpa de un porcentaje tan pequeño es garantía de un doloroso arrepentimiento futuro.

Y después de insertar en el Excel la correspondiente inversión (nótese la ausencia de gasto) del vídeo de boda, toca escoger un videógrafo entre mil. ¿Y qué diferencia uno bueno de uno malo?

1. El fondo vs la forma

Más allá de las diferencias en las tarifas, la principal diferencia entre videógrafos radica en su concepto de belleza: el fondo o la forma. La mayoría de profesionales (forma) centran los vídeos de boda en imágenes dirigidas, como si se tratara de una editorial del sector. No obstante, las emociones (el fondo) que vivirás el día de tu boda son únicas e irrepetibles. Una grabación de estilo documental (sin dirigir a la pareja) es la manera de garantizar que el fondo de tu boda prevalecerá, y se respetarán las situaciones y emociones verdaderas que vivirás con tu gente, por encima de las tendencias del sector. Visto así, otra manera de plantearlo es la siguiente: cuando mires tu vídeo de boda dentro de 5 años…

— Si priorizas el fondo, verás cómo fue tu boda realmente (tu legado).

— Si priorizas la forma, corres el riesgo de ver cómo se hacían los vídeos de boda en 2022, en lugar de ver TU boda.

2. El protagonista es el profesional vs el protagonismo es de la pareja

Una cualidad indispensable para un buen videógrafo de boda es la empatía. El videógrafo debe ponerse en la piel de cada pareja, decidir qué imágenes serán importantes y reveladoras para ellos, en lugar de pensar cómo conseguirá más influencia y *likes* si comparte su trabajo en las redes sociales. Un buen videógrafo prioriza la particularidad e intimidad de cada pareja por encima de la generalidad de las redes sociales. Dicho de otra manera, hay profesionales que quieren contar SU historia por encima de TU boda. Debes asegurarte de que el videógrafo que elijas filmará las imágenes que sean más importantes para ti, los detalles más significativos en tu caso en particular, priorizando tus emociones y tu historia personal, y no las imágenes más convenientes para el vídeo que querría publicar, es decir, más atractivas para los espectadores de redes sociales o posibles clientes a captar. Asimismo, debes asegurarte de que las editará siguiendo en todo momento la prioridad de hacer el mejor vídeo para ti, no el mejor vídeo para las redes sociales. Y que pondrá el mismo cariño en hacer el vídeo corto, más habitualmente publicable, que el vídeo largo, a pesar de que este último «solo sea para la pareja».

Así que cuando busques un videógrafo para tu boda, piensa si todos sus vídeos son exactamente iguales, o bien son capaces de reflejar la personalidad de cada pareja.

3. Sonido diegético

Toca ponernos técnicos para que entendáis la importancia del sonido diegético, que alude a todo lo que está ocurriendo dentro de la escena, lo que los personajes están oyendo en ese momento.

Un ejemplo: la novia se está maquillando, entra su madre y le dice: — Estoy muy nerviosa.

El sonido extradiegético es aquel ajeno a lo que oyen los personajes.

Un ejemplo: incluir una canción que no estaba sonando en ese momento. Es decir, en el vídeo de tu boda, mientras estás maquillándote en silencio, poner una pieza que describa emocionalmente el momento.

El poder de la música en el cine / videografía es incuestionable, y es perfectamente lícito (e incluso muy recomendable) hacer uso del mismo. Ahora bien, incluir música no debería conllevar renunciar totalmente al sonido diegético, como suele ocurrir en la videografía de boda.

El valor del sonido diegético es incalculable. Estos sonidos forman parte de los detalles que realmente transmiten las emociones de cada momento, lo que define la relación entre los personajes.

En la mayoría de vídeos de boda, el sonido diegético se elimina totalmente, y se sustituye simplemente por música. Cuando esto ocurre, la historia la dejan de contar los verdaderos protagonistas (la pareja y su gente), y la pasa a contar la música.

En otros casos se utilizan los discursos oficiales de la boda como herramienta narrativa, o entrevistas previas grabadas a la pareja. Todo ello supone un avance muy importante en la personalización del vídeo, pero se puede ir todavía más lejos, con el mencionado sonido diegético de esas escenas «no oficiales», esos pequeños momentos que no dicen nada, pero lo cuentan todo. Este tipo de momentos a menudo no se graban (cuidado con los horarios de los videógrafos, porque el día de tu boda puede llegar mucho más allá del momento en que empiezas a maquillarte, o que el novio empieza a vestirse, es decir, tu vivencia de ese día empieza mucho antes).

Un buen vídeo de boda no solo dedica energía y atención a grabar este tipo de momentos, sino que posteriormente le da la importancia que les corresponde en la edición. Si el peso narrativo del vídeo de tu boda está en imágenes de posado (grabadas durante el aperitivo, o bien en una postboda o preboda), el resultado será muy diferente a un vídeo que dé protagonismo, por ejemplo, al pequeño / gran momento en que la madre de la novia le confiesa que está muy nerviosa.

El sonido ha sido el gran olvidado en la videografía de bodas durante muchos años.

Recientemente, con la incorporación de discursos y entrevistas en algunos casos, el gran tesoro escondido de tu boda radica en la grabación documental y en el uso del sonido diegético.

Sabiendo esto, antes de cerrar apartado, llega la última pregunta del millón, una que me habéis formulado infinidad de veces en los 12 años que llevo escribiendo mi blog:

¿Es mejor que fotógrafo y videógrafo sean de la misma empresa?

Tengo claro que es importante que fotógrafo y videógrafo trabajen en equipo, lo sean o no, y creo que algunas empresas que ofrecen ambos servicios (como os comenté en maquillaje y peluquería) cojean un poco en uno de ellos.

Y con esto termino porque yo me he explicado y ya os he convencido. A diferencia de Jerry Maguire, «hablar sin decir nada» es un arte que un buen videógrafo sí domina.

8. Catering

Es una evidencia irrefutable, perdonad que de nuevo me salga la vena legal, que en España nos gusta comer. Y que nos gusta comer bien en las bodas, también.

Si le preguntas a un invitado qué es lo que más le gusta de una boda te dirá que el espacio sea bonito, que los novios sean animados, que haya mucha gente joven, que le sienten en una mesa con gente conocida, etc.

Sin embargo, ¿os habéis fijado alguna vez cómo los invitados hablan *a posteriori* de las bodas a las que han acudido? Se suele parecer bastante a esto: «La novia estaba guapísima, el *catering* fue espectacular y la fiesta muy divertida, bailamos hasta las 3 de la madrugada».

Luego el *catering*, y todo lo que tenga que ver con comer y beber, es fundamental. Además, es una de las partidas más importantes del presupuesto y uno de los proveedores que más tensión genera en toda la organización de la boda.

La prueba de menú, con los novios y los padres de ambos, es más bien una prueba de fuego y un buen síntoma de cómo será la futura vida familiar política.

Así que, sí o sí, es el momento de ser exigentes y hacer una buena elección, pero también de ser flexibles, apaciguadores y pensar en un resultado global, sin enrocarse en una pieza de aperitivo.

Una amiga a la que no puedo identificar me llamó desquiciada tras su prueba de menú para desahogarse conmigo: su suegro se había enfadado desproporcionadamente porque no se escogía el Ribera del Duero que él había seleccionado, que encima era más caro que el Rioja por el que se había decantado la mayoría. «¡Pero si no le gusta el vino!», exclamaba exasperada. Pues eso, flexibilidad y paz en ambos bandos, que la prueba de menú no es *Juego de Tronos*.

Dicho esto, escojáis el *catering* que escojáis, para un evento tan grande y tan importante es fundamental que este cuente con experiencia.

Además, al igual que las fincas han de tener licencia, también los *caterings* han de cumplir con determinados requisitos legales: registro de calidad, seguro de responsabilidad civil, código de prevención de riesgos laborales...

Me pongo en contacto para abordar este tema con Michel de Fuentes y Luis González-Mesones, socios y directores de Medems, *catering* que celebró su 30.º «cumpleaños» en 2018 y que ha sido en 2019 la primera empresa de hostelería de España en obtener el distintivo Cenit, un reconocimiento a la excelencia en calidad y seguridad alimentaria.

«Es bueno que puedas probar un menú antes de cerrar el contrato de servicio, porque hay novios que se quedan atrapados con *caterings* que resultaron no ser los adecuados tras la prueba. En nuestro caso, se cobra la prueba de menú y si finalmente nos escogen como *catering* para el día de su boda, ese importe se descuenta del coste total de la misma», afirman desde Medems.

Desde luego que también es importante dejarse asesorar por el *catering*, antes y después de la prueba de menú. El número de invitados, la época del año, la estacionalidad de determinados productos, la climatología prevista para la fecha... son factores que afectan a la hora de escoger tanto los aperitivos como el menú en sí.

Luis González-Mesones me recuerda con acierto que también hay que tener cuidado con las innovaciones. Y es que efectivamente el *magret* de pato, por ejemplo, es un plato delicioso pero puede que no le complazca a todo el mundo. Si se decide introducir sabores más arriesgados, es mejor hacerlo en el aperitivo, donde el invitado dispone de más opciones y puede elegir si lo come o no sin encontrarse frente a una situación en la mesa protocolariamente incómoda.

Es labor de los novios, por supuesto, recopilar para el catering cuantas incompatibilidades alimentarias haya (embarazadas, gluten *free*, celiacos, veganos, vegetarianos, alérgicos...) para que el *catering* pueda desarrollar el día B su trabajo con efectividad y no tenga que interrumpir su ritmo atendiendo numerosas peticiones fuera de menú de las que no estaba debidamente informado.

Coctelero del equipo de Borja Cortina preparando combinados durante la barra libre de nuestra boda.
Foto: Click10 Fotografía

Y si la calidad es importante, desde luego que la cantidad también. ¡Y más en España! Lo de Asturias reconozco que es de otro planeta. Solo se entiende que el menú sentado sea más ligero si el aperitivo tiene una duración superior a la habitual y cuenta con numerosas estaciones y aperitivos pasados.

En cuanto a los aperitivos pasados, por cierto, muchos *caterings* organizan a sus camareros por pieza. Una gran idea para cubrir toda la zona del aperitivo en diferentes pasadas sin que ningún invitado permanezca en la oscuridad. «Nosotros estábamos a la izquierda del jardín y por aquí no pasaron los dados de *foie*». A eso me refiero.

También es importante que en la prueba de menú superviséis el menaje. No solo os tiene que gustar el menú, sino también las bandejas en las que se pasarán los aperitivos, que las servilletas del aperitivo sean —preferiblemente— de tela y no de papel, la vajilla en la que se van a presentar los platos, así como las jarras en las que se servirá el agua, los vasos de la barra libre, etc.

Y hablando de la barra libre, la verdad es que es la gran olvidada. He estado en bodas en las que la novia lucía un traje carísimo, el menú lo servía un chef estrella Michelin, el despliegue floral dejaba atónico hasta al menos perspicaz y, sin embargo, a la hora de la fiesta las marcas alcohólicas escogidas me recordaron más a mis años adolescentes en Stravaganza y Dolce que a una boda de categoría.

En cuanto a los camareros, Emilio Rotondo de Aldovea Catering me destaca estas consideraciones que son importantes y hay que tener en cuenta:

1. Que sean camareros propios del *catering*, se sobrentiende, formados y profesionales.
2. Que el número de camareros en aperitivo, por mesa y en barra libre sea proporcionado. No dejéis nunca de preguntarlo.
3. Que podáis ver el uniforme que van a vestir y que si este incluye guante blanco, tengan mudas para su cambio siempre que sea necesario.
4. Y esta última es ya una consideración más personal, ¡por favor, que los camareros no corran y no se muevan de un lado a otro estresados!

La decisión de almuerzo o cena es también personal, y ambas tienen sus pros y contras. Gonzalo y yo organizamos una boda de tarde, sin embargo, ahora que somos padres y que tenemos 3 niños pequeños que se despiertan temprano (muy temprano), preferimos que nos inviten a bodas de mañana. En la boda de mi amigo Alejandro Norniella nos retiramos, muy a nuestro pesar, bastante temprano. Gonzalo y yo, sin necesidad de mediar palabra, nos mirábamos y pensábamos: «Mañana vamos a flipar».

Esta sección está a punto de terminar y no puedo acabarla sin hablaros de las bodas tipo cóctel o bufet, sin menú ni protocolo de mesa. Existe la falsa creencia de que este tipo de bodas son significativamente más baratas, pero la diferencia con un servicio de *catering* de boda tradicional tampoco es tan abismal. Tampoco su ambiente tiene que ser necesariamente más informal, en absoluto.

Este tipo de convite no funciona especialmente bien si hay mucha gente mayor, que prefiere un ritmo más clásico y, principalmente, no tener que levantarse constantemente a servirse el primer plato, el segundo y el postre.

Sin embargo, cuando la inmensa mayoría de los invitados son jóvenes, la versión cóctel y bufet suele ser un éxito. Al menos yo, en la boda de Jimmy y Mili en Sotogrande me lo pasé en grande recorriendo el espacio que era precioso y hablando primero con unos y luego con otros, sin la obligación de mantenerme estática durante 2 horas en una misma mesa, ¡que no todas son igual de divertidas como la de la boda de Íñigo y Lu!

9. Flores

Que de una boda sale otra boda eso lo tengo yo muy claro. Porque a raíz de nuestra boda, comenzamos a organizar otra: ¡la de mi hermana mayor!

Así que año y medio después de que Gonzalo y yo nos casáramos, mi querido amigo Dani (alma máter de Materia Botánica y florista de nuestra boda) se casó con mi hermana Covadonga.

No creáis que yo ejercí de casamentera —labor que he llevado a cabo en otras ocasiones con otras personas y sin éxito alguno—, ellos solos se encontraron y ellos solos se enamoraron.

Así que Dani (qué suerte la mía tener tantos y tan buenos amigos en el sector), además de estar invitado y vivir nuestra boda en primera persona, también diseñó un montaje floral espectacular. Como fijamos la fecha escasos 3 meses después de prometernos y mi confianza en Dani era absoluta, delegué en él muchísimas decisiones y confié a ciegas en su buen saber hacer y en Cartu Calderón de Aguinaga. Y no es porque sea mi boda o hayan trabajado en ella mis amigos y mi ya cuñado, pero la decoración y el montaje floral de nuestro comedor (aquel invernadero que me gustaba desde el principio y en el que al final sí cupimos) supuso el inicio de una tendencia en el sector que hoy —casi 6 años después— aún sigue siendo aspiracional para todas las novias.

No sabéis qué equipazo tan bueno forman él y mi hermana, que también codo con codo forma parte de los proyectos y el día de Materia Botánica (Oviedo), y me ha hecho ilusión poder entrevistarlos a ellos para que os trasladasen sus mejores consejos:

— Hay que intentar, en la medida de lo posible, llevar a cabo la decoración que has imaginado pero siempre manejando las expectativas. Y es que tener de referencia de inspiración una mesa imperial con un ancho de 1,50 m y un camino floral de quitar el hipo puede frustrarte y decepcionarte si tu mesa en la realidad va a medir 80 cm de ancho y el idealizado camino se queda en la mitad de su ancho original para que quepan —apretados, eso sí— los platos, los vasos y, también, las flores.

La decoración floral de nuestra boda corrió a cargo de mi amigo –y cuñado– Daniel Pando (Materia Botánica). Foto: Click10 Fotografía

— A veces vale más tener una idea general o una línea cromática definida en lugar de tener totalmente definido el arreglo floral porque a veces no es la temporada idónea para determinadas flores y porque a veces, aun siéndolo, la semana de tu boda no son de buena calidad porque la naturaleza —como el clima— no se puede controlar.

— Para las que no tengan las ideas muy claras, el ramo de novia suele ser un buen punto de partida, porque es además el elemento más personal de toda la decoración floral en el que se puede plasmar el gusto y la forma de ser. Así, se puede jugar con el mismo como punto de partida para extenderlo al resto de elementos de la decoración floral.

Si Materia Botánica es el referente en Asturias, Naranjas de la China —dirigido por Laura Ruano— es un líder indudable en Madrid. Aún recuerdo el centro de flores y fruta que allá por 2006 un pretendiente le envió a mi otra hermana, María, a nuestro piso de solteras de la calle Lagasca. Aquel pájaro fracasó, pero Naranjas de la China triunfó como la Coca-Cola. Así que según cuelgo con Dani, llamo inmediatamente a Laura.

Se nota al medio segundo de empezar a hablar con ella que las flores son su vida, y que es una mujer sumamente trabajadora a la que le brota a borbotones la creatividad. Y a ella le resulta inconcebible una entrada de una iglesia, una cena en casa o una fiesta sin flores. ¿Y por qué? Pues porque estamos hablando de la primera imagen, esa primera impresión al llegar a un evento que es tan importante para crear un clima de éxito. Pero las flores ya no tienen por qué ser las protagonistas, la actual cultura vegetal permite acompañar de muchos verdes, plantas, recipientes especiales… Para crear experiencias combinando todos estos elementos. Será por algo que cada vez más los grandes restaurantes, hoteles, tiendas importantes y fincas de bodas dedican grandes presupuestos a la decoración floral/vegetal: para humanizar, actualizar y dar vida a sus espacios transformando lo frío en cálido y lo impersonal en cercano.

Para ella como florista, y también gracias a su bagaje en el ámbito del *marketing* publicitario, saber qué quiere conseguir un cliente y qué espera con su encargo de flores es muy importante: quizás simplemente quiere decorar un rincón o rellenar un espacio, cumplir con el mínimo floral o, por el contrario, crear un efecto WOW en *hall*, cóctel, centros de mesa… que le trasladen al invitado el siguiente mensaje: «Como novios hemos querido cuidar hasta el último detalle». Así que sí, las flores son una presentación de intenciones y una representación en sí mismas.

Pero si algo nos han enseñado las tendencias (más a los que llevamos por lo menos dos décadas asentados en este jardín, nunca mejor dicho) es que no hay nada que desaparezca para siempre, lo que hay que hacer es que las combinaciones sean perfectas sea cual sea la tendencia dominante. Durante años se han realizado bodas en el campo, utilizando continuamente flores silvestres y recipientes muy rústicos, ahora seguimos utilizando estas flores, pero se ha cambiado la forma de presentarlas, más sueltas, con variedades de verdes, recipientes naturales, etc. Todas las flores, incluso los tan injustamente denostados claveles y las rosas, tienen su sitio. Ahora mismo han evolucionado a colores y formas espectaculares que se integran perfectamente en el arreglo más clásico o en el más fresco y joven. Si tuviéramos que enterrar una tendencia, esa sería la de los frascos de mermelada y las cajas de madera cubiertas de paniculata. Nunca *mais*.

Las RRSS son magníficas para orientar a los novios, sacar nuevas ideas e inspirarnos, os lo dicen Laura y Dani, obviamente yo también suscribo. Pero estas inspiraciones no sirven para todos porque hay que tener muchos factores en cuenta:

A. **El estilo de boda**: conocer lo que os gusta o con lo que os identificáis es el punto más importante, y esto puede venir dado por el espacio escogido a pesar de que ahora se hagan verdaderas transformaciones para conseguir la línea que se desea.

B. **Presupuesto**: tener de antemano el presupuesto en la mano (recordad que os lo incluí como primer punto) para saber si decorarán simplemente las mesas o podrán diseñar un despliegue floral más importante en todos los espacios.

Detalle de la composición floral de mi primer ramo de novia. Foto: Click10 Fotografía

C. **Dónde se va a realizar la boda**: no es lo mismo un espacio interior que otro exterior que una casa de campo o un palacete en mitad de la ciudad, porque este aspecto puede ser un verdadero reto. Profesionales como Naranjas de la China o Materia Botánica vivirán con entusiasmo, siempre que sea posible y el entorno permita adaptarse, ajardinar interiores con grandes árboles, estructuras de vegetación, etc.

D. **Tener un profesional cerca**, ya sea un *wedding planner* o un florista, siempre os ayudará en los puntos anteriores y, sobre todo, a definir qué variedades de flores encajarán mejor en cada época del año. Importante: no siempre se pueden poner peonías si estamos a 35 grados al sol. Repito: no siempre se pueden poner peonías si estamos a 35 grados al sol. No siempre se puede.

E. Decía Materia Botánica que el **ramo de novia** es el elemento floral más personal de toda la boda y Naranjas de la China añade: también el ramo de novia es la composición floral más fotografiada de una boda, no se puede minimizar su importancia y debe tener una escogida selección y calidad de flores y verdes. En esta pieza no se puede economizar.

Yo amé mis ramos de novia, los volvería a escoger igual 1.000.000 de veces. Se me olvidó, eso sí, tener en cuenta que la última vez que practiqué semanalmente deporte fue en 3º de BUP (véase 1º de Bachillerato) y que cuando me casé habían pasado más de 10 años desde entonces. Y esto os lo cuento porque mi primer ramo de novia pesaba casi 2 kilos, que lo sostuve durante casi 4 horas y que el domingo sentía que me habían amputado el brazo.

Sí, 2 ramos de novia. Porque al final del aperitivo me cambié de vestido por otro radicalmente diferente que requería un ramo de novia totalmente distinto. El segundo, afortunadamente para mi brazo y para mí, era infinitamente más ligero.

Mis ramos acabaron en las manos de dos de mis mejores amigas con las que quería tener un detalle bonito y celebrar que todo en la vida (incluso lo malo) pasa por alguna razón. Y ambos surtieron

Teniendo en cuenta el espacio, la época del año y que los colores principales en la decoración fueron los verdes, el granate y el rosa, el estilismo floral del equipo de Pando Floristas / Materia Botánica no pudo ser más acertado. Foto: Click10 Fotografía

su efecto más supersticioso, ¡porque ambas se prometieron poco después!

Anteriormente yo había recibido el ramo de Mar Merino y el de Águeda Alvargonzález, y hay pocas cosas que me hayan hecho más ilusión que esas. Si no fuera porque mis hijos son como Atila y arrasan con todo lo que se encuentra al alcance de su mano, aún seguiría conservándolos. Y precisamente porque para mí aquellos ramos tuvieron tanto valor, quería que N.C. y A.B. se sintieran tan especiales como me había sentido yo.

No sé de quién acabará siendo propiedad vuestro ramo: quizás se lo ofrezcáis a alguna virgen de la que seáis devotos, quizás se lo deis a vuestra madre o una hermana, a una amiga que os haya ayudado especialmente con la organización de vuestra boda o que lo esté pasando mal y necesite un extra de cariño. Quizás lo lancéis por los aires en su versión americanizada o quizás cumpláis con la idea original: el ramo debe regalarse a una amiga íntima soltera, o que queremos que sea la siguiente en pasar por el altar.

Por favor que el *wedding pressing* no sea muy evidente… que tengo una amiga que recibió 6 ramos hasta que él, ¡por fin!, hincó la rodilla.

Cuantos más ramos regalemos, menos valor tienen individualmente, por lo que hay que evitar caer en la tentación de regalar el ramo además de otras 5 réplicas y 2 centros de flores para las madres y/o abuelas. Si a eso le añadimos los regalos para las parejas que van a ser padres, los discursos, los vídeos proyectados… la celebración se convierte en una feria, tómbola incluida.

Sea cual sea el destino de tu ramo, debes tener en cuenta —además del peso— diferentes aspectos estéticos y emocionales para que resulte perfecto.

El estilo del ramo y la selección de flores deben adaptarse a tus gustos, no te dejes llevar por las tendencias que quizás no te representan en absoluto.

Se han visto novias muy clásicas con vestidos regios y con ramos que parecían matojos del campo sin ningún criterio y, al revés, novias más informales en vestimenta, pelo suelto, aire *boho* y ramos micrófonos de pelota de una sola flor y color. Así que primera regla: hay que tener en cuenta el vestido y el contexto completo de la boda.

El ramo de novia ya no tiene por qué ser blanco, y se incluyen colores, verdes, gamas de un tono o contrastados. Por supuesto queda decir que los atados de los ramos también tienen un protagonismo, en colores y texturas (los terciopelos y cintas de algodón deshilachado están muy de moda), en colores a tono con algún otro complemento de la novia, como puede ser el calzado, tocado, joyas, etc., y en los que algunas novias aprovechan para incluir alguna medalla o pieza de joyería con especial significado familiar.

El tamaño de la composición floral sí importa, y para ello habrá que tener en cuenta el volumen del vestido, la altura y cuerpo de la propia novia. Tiene que mantener una cierta proporción para que resulte perfecto.

El ramo también es un complemento que hay que saber llevar: a la altura de la cadera con el brazo un poco doblado, apoyando la muñeca en el lateral para que el ramo quede bien enfocado y ladeado permitiendo que se vea el diseño del traje. El ramo no es un bebé, ni un cirio ni la correa de una mascota. Según el recorrido lo llevaremos con una mano (entrada y salida de la iglesia con el padrino y novio) o con dos manos en el momento de acercarse a la entrada para que el padrino nos recoja.

Los ramitos de los pajes o damas de honor no tienen que competir con el de la novia, siempre tamaños más pequeños y sencillos. Los prendidos para novio, padrino y testigos tienen un toque *british*, pero siempre en formato pequeño y elegante. ¡A Laura y a mí nos encantan!

Lo que hay que tener claro es que uno no se puede agobiar con tantos detalles. Igual con los nervios no te das cuenta y recorres todo el pasillo de tu ceremonia con el ramo tapando todo el cuerpo del vestido y subido hasta el escote. Pero no pasa nada, ¡no importa lo más mínimo! A modo de mantra no dejes de repetirte cuando los nervios te invadan que lo más importante es con quién te casas, no cuándo ni cómo.

Para las que prevean ciertos nervios que no solucionen un par de tilas y tengan intención de ir veladas, que utilicen el ramo como parapeto. Es decir, que el velo delantero llegue hasta la cintura y metan el ramo debajo para que el velo no se meta por la cara y favorezca esa sensación de agobio que es lo que yo siento cada vez que veo a Kate Middleton a punto de convertirse en duquesa de Cambridge con el velo pegado a la cara. Googlead.

10. Iluminación

La iluminación, esa gran olvidada, tan necesaria para transformar un espacio y darle un toque único y hacer, en definitiva, magia. Luis Lozano, director de Luces de Cuento, es todo un mago experimentado capaz de hacer realidad lo imposible, cambiando por completo espacios tanto de día como de noche.

La iluminación es sin duda una parte fundamental de la decoración, un arte en el que además las posibilidades son infinitas. Al decorar se juega con varios elementos como luces, plantas, telas... pero los espacios también se pueden personalizar con una iluminación apropiada que requiere muchas horas de montaje en el que muchos profesionales se ponen manos a la obra meses antes de la celebración para estudiar no solo el espacio, sino también los gustos de los clientes, todo con sumo mimo para que la imagen final sea de cuento.

En este campo, como hay mucho desconocimiento, los novios suelen confiar en los profesionales y se dejan asesorar. Pero si en algo pecan todas las parejas es en no darle la importancia que se merece y creer erróneamente que se trata de un trabajo rápido y sencillo.

11. Sonido

Mucho se habla de que para triunfar en una boda hay que escoger un buen *catering*, tener en cuenta la climatología para no achicharrar ni criogenizar a los invitados y que haya más amigos de los novios que de los padres para que la fiesta sea francamente divertida. Pero pocos se acuerdan de que la música, de principio a fin, también es clave.

Íñigo Castellano, además de ser un profesional como la copa de un pino, es un compañero simpático y educado con el que siempre es un placer trabajar. Hace años, concretamente en 2018, desde mi agencia RUMOR Comunicación organizamos un señor sarao con motivo del 15.º aniversario de su empresa Dándote Ritmo. Así que, a punto de cumplir 20 años de experiencia, Íñigo es el mejor interlocutor para arrojar un poco de luz en este apartado.

En los últimos 10 años tanto él como yo, que vivimos sumergidos en el sector nupcial, hemos notado un cambio muy notable en la importancia que se le da a la música. Ha pasado de ser un servicio al que los novios apenas le daban importancia, a ser un aspecto que capta el interés y se cuida por parte de la mayoría de las parejas. No solo la parte de la barra libre ha cobrado mucha importancia como os indicaba previamente con el *upgrade* del servicio en sí por parte de los *caterings*, también la ambientación del cóctel y los momentos especiales son partes de la boda a las que se presta mucha atención, que *a posteriori* dejan recuerdos muy especiales de la boda y que también requieren de ambientación musical.

«El servicio de DJ se ha ido profesionalizando poco a poco, y eso es bueno para todos. Los novios se informan mejor sobre qué empresa o quién van a contratar. Desde luego que las RRSS y los blogs reputados ayudan mucho en la comercialización, así como el boca a boca y disfrutar como invitado de un buen DJ en la boda de un amigo para apostar sobre seguro», afirma Íñigo.

Para Dándote Ritmo es muy importante preparar la música: conocer los gustos de los novios, sus invitados y tener todo a punto para posibles imprevistos. Pase lo que pase una boda es un directo y *the show must go on*. Como novios, tiene que daros tranquilidad saber que la empresa que habéis contratado lleva equipos de repuesto, tiene personas de guardia o que, como ha pasado varias veces con la pandemia y los confinamientos y —concretamente— los contagios, también pueda ofreceros alternativas de DJ por si causan baja imprevisible de última hora.

Un buen DJ tiene que tener cultura musical, técnica para utilizar las mesas de mezclas y, lo más importante, psicología para manejar la pista de baile. Muchas veces los novios quieren personalizar tanto la música y eligen tantas canciones «imprescindibles» que atan de manos al DJ para leer la pista de baile según vaya viendo cómo evoluciona. También hay que tener en cuenta que, si la gente se lo pasa bien, los novios van a disfrutar de la boda. Todos tenemos nuestras preferencias musicales, pero cuando se prepara la música con el DJ hay que tener en cuenta no solo los gustos personales, sino también el de tus invitados para que la fiesta sea un éxito. En una boda, los invitados son de diferentes edades y diferentes preferencias musicales por lo que los géneros musicales tienen que ser variados para contentar a todos. En definitiva, lo importante es disfrutar con tus invitados y no ser excesivamente «cerrado» con tus gustos musicales.

Yo recuerdo haberle prohibido al DJ de mi boda que sonase cualquier tipo de canción relacionada bien con la comida (la barbacoa, la mayonesa, chocolate…) o bien con los animales (el venao, el baile del gorila…). Tengo amigos que se ríen muchísimo con esta recomendación, pero no podía dejar de incluirla en este libro. He venido a ser sincera y este detalle no podía quedarse en el tintero. Seguimos.

Además de contar con un DJ que conozca de antemano los gustos musicales de novios e invitados, también hay un detalle muy importante que es el efecto contagio de la «sensación de animación». Cuanto mayor sea esa sensación, más se desmelena uno y, por ende, más divertida es la fiesta. Para conseguir eso, hay varios trucos que ayudan mucho a los DJ.

Por ejemplo, la pista de baile tiene que estar delimitada y acorde al número de invitados. Las pistas de baile muy grandes hacen que la gente se disperse, y nadie quiere sentirse solo bailando. Es bueno tener a la gente pegada, incluso un pelín apretada: primero porque te sientes menos observado y segundo porque el ambiente de fiesta es mayor. Igual de importante es poner la barra cerca de la pista de baile o en la misma pista de baile. No hay duda de que cuanto menos se aleje la gente del DJ, más animada será la fiesta.

Tanto fue así en la boda de mi amiga Mar Merino —fue la primera en casarse del grupo de amigas— que a las 7 de la mañana nos rogó que nos fuéramos a casa. Me sigue entrando la risa cada vez que la recuerdo en medio de la pista de baile cansada y, también, desesperada.

La iluminación en la pista de baile también es un elemento clave. Los montajes con cabezas móviles, humo, láser, etc. marcan la diferencia. Cuanto mayor sea el montaje, mayor sensación de movimiento y de animación tendrá la pista de baile. Para esto contar con un técnico de iluminación y que el montaje sea estéticamente atractivo y acorde al espacio hace que la fiesta no deje indiferente a nadie.

Otro tema fundamental es contar con efectos, actuaciones, sorpresas... que rompan con la rutina de la pista de baile. La barra libre de una boda suele durar más de 4 horas, por lo que sorprender a la gente es fundamental para que el ánimo no decaiga. Las luces ayudan mucho, porque vas subiendo el movimiento. Utilizando

Vintage Love Band actuando en directo en nuestra boda

efectos como humo, fuego frío, pistola de megatrón... se consigue sorprender a los invitados. Actuaciones tipo saxofonistas, violinistas, percusionistas... ayudan también mucho al DJ para mantener al público arriba.

Repartir banderas, bandejas de chupitos, *atrezzo* tipo gorritos o caretas (de esto no soy especialmente fan), bailarinas, maquillar a los invitados con pinturas fluorescentes, etc., facilita que los invitados se entreguen a la fiesta.

Al hilo de esto último se abre un auténtico debate en la tipología de DJ: ¿estrella protagonista o profesional discreto que sabe leer y animar la pista de baile sin llamar personalmente la atención? La respuesta es tan personal, que todo lo que puedo deciros es que ninguna es mejor que la otra y que, como todo en la vida, ambas opciones tienen sus pros y sus contras.

En cuanto a los invitados de mayor edad (los padres, los tíos, los amigos de los padres…) a veces no bailan o solo se animan al principio cuando se abre la pista de baile con un repertorio más clásico, pero eso no significa que no quieran participar ¡y observar! Hay que colocar un *chill out* lo suficientemente cerca para que puedan descansar y comentar sin quedar totalmente aislados del ambiente.

Pero además del DJ —que es imprescindible— también soy una defensora a ultranza de la música en directo para bodas, tema que he abordado en varias ocasiones en mi blog. Y ya en 2016, entonces aún no estaba muy de moda, durante el aperitivo de nuestra boda contamos con la actuación en directo de Vintage Love Band y fue un auténtico puntazo.

Sabiendo también que el *claim* de mi blog durante los últimos 12 años ha sido «La vida hay que celebrarla» os podéis imaginar que llevo en las venas la organización de saraos y en las dos últimas fiestas que he organizado en la casa familiar de verano también han venido a tocar en directo tanto Los Puppos como Villaboy Band. Es verdad que estas dos últimas fiestas no eran una boda como tal, pero ambos supieron entender (Los Puppos actuaron de día y Villaboy Band actuó de noche) que el estilo de la música lo marcaba el propio evento. No exige lo mismo la música de un cóctel tranquilo de boda, donde la música tiene un papel «secundario» para amenizar el momento, que la de la barra libre donde el guion exige una música que invite a bailar y cantar.

De lo que no hay duda es de que el ritmo de la boda debe ser creciente, ir a más según vaya avanzando la celebración. No puedes animar al máximo a tus invitados durante el aperitivo, cortar el subidón y aplatanarlos durante la cena para luego pretender volver a ponerlos a tope en la fiesta. Eso no funciona. Nunca.

A los grupos en directo —al igual que al DJ— también se les exige tener muy claros los gustos del cliente y de los invitados, ir bien preparados de antemano con un repertorio variado y saber leer en directo al público para adaptar el *show* sobre la marcha sin un guion preparado. Pero también es fundamental tener en cuenta que «hay que echarle pasión, ganas, actitud y cariño a lo que estás haciendo», afirman Los Puppos. «Es necesario hacer partícipe a los invitados de la fiesta, animarles a bailar, cantar, interactuar con ellos... Por ejemplo, una buena combinación de canciones animadas y conocidas de pop/rock clásico y actual junto con rumbitas y «flamenquito» es éxito asegurado».

12. Menaje

Además de los compañeros de mesa (ese tetris rompecabezas para los novios en favor de la comodidad de sus invitados y que está en permanente edición con las bajas que van goteando a modo de tortura) lo que diferencia a unas bodas de otras también será el menaje escogido para la ocasión.

El principal valor añadido de contratar un servicio de alquiler de menaje, manteles o mobiliario es la personalización de la celebración en sí, tanto en la petición de mano como en la boda.

Y es que en la petición de mano a veces se pueden juntar 20 o 30 familiares, y es el momento ideal para descubrir el servicio y su correspondiente catálogo. Pocas familias disponen en sus hogares de una vajilla, cristalería y cubertería para tantos comensales ni tampoco de semejante cantidad de sillas. Para hacerlo bien, hay que contratar los servicios de Crimons, Options, Cashmere, A de Lola, EventOh!, Memorias del Ayer…

Ya con la mirada puesta en la boda, el hecho de tener la opción de elegir entre cantidad de vajillas, cristalerías, cuberterías, bajoplatos, manteles, mesas o sillas hace que cada celebración sea única. Si bien es cierto, algunos *caterings* o fincas de boda ofrecen la posibilidad de elegir el menaje y los manteles para decorar el aperitivo y el banquete, pero nunca ofrecerán la posibilidad de poder elegir entre tanta variedad y, sobre todo, tendencia.

Inés Batlló (directora de Options) y yo somos de la misma edad, tenemos afinidad y además hemos trabajado juntas en infinidad de proyectos tanto de RUMOR Comunicación como de mi blog y mi nueva marca de ropa de mesa y puericultura textil Pontigas. Así que, mientras apuramos el café poniéndonos al día, enciendo la grabadora y empiezo a preguntar. Me siento como un inspector de Hacienda rascando la información más oculta y confidencial. Los de la mesa de al lado creen que la estoy entrevistando, pero no saben que a ella, por profesional y forma de ser, le sobra el trabajo.

El valor añadido de Options es precisamente ese: la gran variedad de artículos, unos más clásicos, otros más modernos, otros más «retro» y otros más especiales. Sirvan de ejemplo los siguientes: manteles de hilo 100 % en distintos colores, manteles de algodón con estampados primaverales y otoñales; cristalerías de altísima calidad y de distintos colores (muchas de ellas diseñadas por ellos mismos y fabricadas en Murano); cuberterías divertidas: en dorado, plateado, nácar o madera y, por supuesto, de plata; bajoplatos de todos los colores, de cristal, madera, ratán, porcelana, pizarra y espejo. También tienen cantidad de sillas, mesas de hierro, mármol y madera. Y además, algo que es difícil de encontrar por lo general, todo el menaje de servicio de plata: bandejas, salseras, teteras y cafeteras, realces, candelabros y muchos más artilugios.

Para un proveedor como Options la figura de la *wedding planner* siempre suma, pues al fin y al cabo, además de dirigir la puesta en escena global de la boda, centraliza y gestiona todos los servicios y proveedores del día, que si habéis llegado hasta aquí, ya os habréis dado cuenta de que son muchos.

En su caso, la *wedding planner* es nuestra persona de contacto en todo momento; con ella se coordina la entrega de lo que se haya contratado, se coloca donde se indique y luego se organiza la recogida del material (el *catering* no lava los artículos alquilados, por lo que generalmente no tiene inconveniente en que se alquilen).

Si el cliente —ya sea la *wedding planner* o la novia directamente— pide que además del alquiler del menaje y mobiliario se ejecute el montaje del material alquilado (esto implica la colocación de los manteles, menaje, sillas…), la empresa que alquila cobrará un suplemento pues esta sí es tarea del *catering* de la mano de la *wedding planner* si la hubiera.

No es común que ocurra, pero en algunas ocasiones las novias suelen contratar antes la decoración floral que la que se consigue con la elección de los manteles y, *a posteriori*, del menaje y sillas. Cuando esto sucede, muchas veces hay que volver a empezar con el proceso de la decoración general del banquete, pues el color y/o el estampado de los manteles siempre cobra mucho protagonismo.

Cartu Calderón de Aguinaga se encargó del diseño de las mesas mezclando diferentes piezas de menaje y ropa de mesa, ¡no había una igual a otra! Foto: Click10 Fotografía

Por ello, Inés siempre recomienda a sus novias empezar por la elección del mantel, seguido de los bajoplatos, la vajilla, la cristalería, la cubertería y, por último, la silla.

Otro punto importante a tener en cuenta para no caer en el error de llevarse un disgusto al finalizar la boda y cuando se pierde o se rompe alguno de los artículos contratados (porque hay que ser realistas, siempre se rompe o se pierde algo), es la contratación de un seguro por posibles pérdidas y/o roturas. Esto va ligado a lo esencial a la hora de contratar un servicio como Options. La contratación del seguro supone un 7 % del total del presupuesto, y cubre hasta un 14 % de las posibles pérdidas y/o roturas (si todo va bien en una boda y el servicio es profesional, las pérdidas no deberían superar el 10 %).

Por último, y no por ello menos importante, es esencial reservar todos los artículos con un mínimo de 4 meses para garantizar su disponibilidad. Os lo dice una que a 2 meses de la boda tuvo que mezclar cuberterías y sillas de su padre y de su madre porque no teníamos 170 iguales; menos mal que Cartu Calderón de Aguinaga es todo ingenio y convirtió el inconveniente en una ventaja deco.

En algunas ocasiones, las novias acuden a alguno de los *showrooms* de Barcelona o Madrid de Options a 1 mes vista de la boda para elegir la decoración de su boda, y luego se encuentran con que las últimas tendencias ya no están disponibles, como fue mi caso. Es difícil que ocurra ya que cuentan con un gran *stock*, además de varios almacenes en Europa (lo que significa que si a veces no pueden dar el servicio que pide la novia, pueden pedírselo a alguno de sus compañeros), pero es preferible elegirlo todo con un mínimo de 4 meses. No dejes para mañana lo que puedas hacer hoy, os diría mi abuela si estuviera a vuestro lado leyendo este libro.

13. Papelería

Siempre he sido una de esas personas que, por contradictorio que suene, me he aferrado al encanto de los tiempos pretecnológicos. Soy, en definitiva, alguien que envía por correo postal felicitaciones navideñas, alguien que colecciona postales del mundo, alguien que se organiza con una agenda física (prescindo absolutamente de Google Calendar) y alguien que añade a todos sus regalos una nota cariñosa escrita en mis tarjetas personalizadas. Así que os podéis imaginar que también soy alguien que disfrutó especialmente creando y diseñando la papelería de su boda.

No hay duda de que la invitación es la carta de presentación de la boda. Cada vez que recibo una, ya advierto si se trata de una boda formal o informal, clásica o moderna... y yo quería que no solo fuera perfecta, sino que además reflejase el tipo de boda que queríamos celebrar: íntima, personal y algo informal.

En aquella ocasión me puse en contacto con mi buen amigo César de InvitArte. Nos habíamos conocido y hecho amigos en el 2012, así que fue un gustazo que pudiera elaborar nuestra papelería y una pena que no pudiera acompañarnos en Asturias al coincidir nuestra boda con la feria de 1001 Bodas de Ifema, que es especialmente importante para él.

César me regaló las invitaciones. Y yo, además de agradecida, también me sentí especialmente afortunada por verme rodeada en la organización de nuestra boda por muchos, buenos y leales compañeros que con el tiempo se habían convertido en grandes amigos.

Fueron también unas invitaciones muy especiales porque Gonzalo, que es arquitecto y dibuja de fábula, creó —como motivo principal— unos agapantos con palmeras en tonos blancos, verdes y beige que se convirtieron en el hilo conductor de toda la papelería y que, además, conjuntaban con los manteles y la *deco* del comedor. Para mí era importante que, a simple vista, todo encajase a la perfección como una sinfonía sin que cada detalle supusiera un enlace demasiado obvio. Todo estaba entrelazado sin estridencias.

Durante todo el proceso, César me asesoró —con infinita paciencia, porque fui muy insistente y detallista— en todo lo referente al trabajo que íbamos a hacer. Y esto es algo que no os puede faltar cuando encarguéis vuestras invitaciones de boda: tenéis que elegir una buena imprenta o profesional de las artes gráficas que pueda asesoraros en todo lo referente a vuestro trabajo. Agradeceréis infinitamente —que en esta vida uno no puede saber de todo— que os expliquen cómo diferenciar un papel de alta gama, una buena impresión y el porqué de los costes según cada trabajo, material o acabado.

Yo fui especialmente maniática con las invitaciones (ojo, que además de enredar a César, también volví loco a Gonzalo con el dibujo: hazlo más grande, más verde, menos flor… Os lo imagináis, ¿verdad?), pero también vosotros debéis enamoraros de la papelería de vuestra boda y escoger el diseño que más os guste. Porque repartir las invitaciones entre familiares y amigos es uno de los momentos más ilusionantes de la boda, y ver la reacción de nuestros seres queridos recibiendo la invitación no tiene precio.

Porque el papel impreso tiene ese poder, ese encanto específico. Una invitación digital no se puede tocar, no se puede guardar en un cajón y no se puede conservar como recuerdo. Una invitación por WhatsApp no aparece por sorpresa en tu buzón, con tu nombre perfectamente caligrafiado sobre un papel maravilloso.

Y sí, el papel impreso no pasará de moda nunca. Es verdad que cada temporada hay distintas tendencias, pero más que pasar de moda lo que hacen las invitaciones y el resto de la papelería a juego es evolucionar y mejorar en los diseños.

Lo que no se pasa de moda es el formato de la invitación clásica, que afortunadamente se puede adaptar a todo y a todos, se puede personalizar y representar todo tipo de ideas.

Además de la invitación en sí, dentro del sobre también podéis incluir otro tipo de información para evitar —principalmente— que 200 invitados os abrasen con mil preguntas: ¿Y cómo se llega a la finca?, ¿tenéis lista de bodas?, ¿habrá servicio de autobuses?, ¿tenéis acuerdo con algún hotel próximo?, etc. Y todo se resuelve

Ideamos con InvitArte el diseño de nuestro menú, para que fuera minuta y marca sitios al mismo tiempo. Foto: Click10 Fotografía

con un mapa y las pertinentes explicaciones en una pieza de papelería adicional.

Dicen que el papel ha muerto, pero… mientras sujetáis este libro en vuestras manos yo reclamo: ¡que viva la impresión!

Respecto a los plazos de encargo y envío yo os recomiendo que empecéis a trabajar con vuestra imprenta 6 meses antes del día B para poder entregarlas y/o enviarlas 3 meses después. Os parecerán mucho 180 días para diseñarlas, revisarlas y maquetarlas, pero el tiempo vuela editando la versión final, recopilando direcciones y caligrafiándolas una a una.

MESA 9

Sres. de Bermúdez
Sres. de Cortés Sáenz
Sres. de Pardo
Sra. Doña Teresa Muñoz
Sra. Doña, Crisis Melgosa
Sra Doña Mariana Miranda
Srta. Regina Sancha

Y para terminar, 2 errores muy comunes en las invitaciones que espero poder evitaros:

1. Es muy habitual que en la fórmula de invitación clásica «Fulanito y Menganito participan el enlace de sus hijos» se cuele entre medias de participan y enlace un «en» que distorsiona todo el sentido de la invitación. Porque participar en este caso significa comunicar, hacer partícipe de la boda a quien recibe la invitación. Con la fórmula incorrecta, lo que estamos trasladando con «Fulanito y Menganito participan en el enlace de sus hijos» es que asistirán a la celebración que, obvio, nadie espera que sea de otra forma.

2. Os parecerá una tontuna, pero con la ingente cantidad de tareas que supone la organización de una boda, muchísimas veces los novios encargan el mismo número de invitaciones que de invitados cuando la proporción habitual suelen ser 2 invitaciones por cada 3.

Pero si en algo andáis confundidos, no os preocupéis que ahí estará el profesional que hayáis escogido para asesoraros, ayudaros y corregiros —si hiciera falta— con empatía y cariño.

14. Autobuses

Sé que esta sección la voy a escribir de carrerilla, porque mi abuelo paterno fundó en Asturias en 1935 una empresa de transporte discrecional de viajeros llamada Transportes Recollo, que si no hubiera sido por el Covid, aún hoy se mantendría en mi familia, así que sé de lo que hablo.

Os podéis imaginar que soy una defensora a ultranza de ofrecer este servicio a los invitados no solo para facilitarles los traslados que sean necesarios, sino también como medida de seguridad y garantía de éxito. Y es que, si nuestros invitados tienen que conducir, es más fácil que se descuelguen de la fiesta.

Y para que no abandonen la fiesta antes de que empiece o antes de tiempo, hay que facilitar diferentes opciones de regreso porque si solo facilitamos dos servicios a las 12:00 y a las 05:00, lo que ocurrirá es que al final los invitados se llevarán su propio coche o, a riesgo de que el cuerpo no aguante hasta las 05:00, se despedirán de los novios a las 11:50.

Dicho esto, también he de deciros que como novios debéis evitar —sin excepciones— que los desplazamientos entre la ceremonia y el banquete sean excesivamente prolongados e innecesarios. Eso, si no queréis que más de un invitado os haga lo que se conoce popularmente, después de la boda de los actuales reyes, como «un Hannover», saltándose la ceremonia para acudir directamente al banquete.

Yo reconozco (entono el *mea culpa*) que lo he hecho 2 veces. La primera vez fue un 12 de julio en Madrid con misa en la Calle Serrano a las 17:00 con 40º a la sombra y celebración en La Moraleja a las 18:30. En aquel momento estaba soltera y vivía cerca de la finca donde se celebraron la cena y la fiesta, así que desintegrada de calor —no hay excusa que valga, insisto—, «me fumé» la ceremonia. Con la de iglesias y capillas preciosas que hay por esta zona, pensaba. La siguiente ocasión que «me marqué un Hannover» estaba embarazada de 7 meses y avisé previamente a la novia, quien celebraba la misa en Avilés y continuaba la fiesta en Gijón.

Si os casáis en una finca, buscad una empresa como la que fundó mi abuelo, que disponga de una flota variada de autocares que incluya también microbuses. Por ejemplo, no todas las fincas —particularmente las privadas— disponen de espacio suficiente de acceso y maniobra. Además, los buses más pequeños también permiten gestionar de manera óptima el fin de fiesta de los invitados a través de ese goteo de horarios que os he recomendado un par de párrafos más arriba. ¿No os parece?

15. ¿Regalos invitados?

Es curioso que las preguntas más repetidas en mi blog homónimo estén relacionadas con los regalos para los invitados, porque yo, de alguna forma, lo considero una costumbre de las bodas de antaño.

Ya me veis el plumero: no soy especialmente partidaria de los regalos para los invitados y menos de aquellos en los que el nombre de los novios aparece por todas partes, como si los invitados no supieran todavía cómo se llaman los que se casan.

Aun así, como sé que los regalos para los invitados siguen siendo uno de vuestros quebraderos de cabeza en la organización de la boda, yo abogo por encontrar —si corresponde— detalles de boda originales, pero también prácticos y especiales.

Creo en los regalos que son útiles durante la boda: un abanico para la ceremonia si se prevé mucho calor, unos *cubretacones* si el aperitivo es en un jardín, unas *pashminas* si la cena es por la noche y al aire libre… pero no hace falta ponerlo todo. Es verdad que durante la organización de la boda hay que tener en cuenta a los invitados, pero no hay necesidad de convertir la boda en una feria de muestras ni en una competición olímpica.

Y sé de lo que hablo, porque asistí a una boda que resultó una auténtica yincana en la que había que visitar el *cigar bar, beauty corner, candy bar*, fotomatón, *photocall*, disfraces, kits de emergencia, galletas personalizadas… había tantas cosas que perdieron toda la gracia y valor.

Me gusta, eso sí, cuando el regalo está relacionado con el trabajo de los novios, como en la boda de nuestro amigo Andrés, que nos dejó a las chicas en cada asiento una barra de labios de L'Oreal, empresa en la que él trabaja.

También, en los tiempos que corren en los que el mundo no deja de sorprendernos y otros requieren de nuestro apoyo más que nunca, me parecen preciosas las opciones solidarias que Fundaciones como Aladina y A la Par ofrecen como regalo de boda para con nuestros invitados. Ser generoso y compartir un poco de nuestra alegría siempre nos hace más grandes y, por supuesto, más felices.

También me preguntáis mucho «¿quién da los detalles de boda?» o «¿cómo dar estos regalos para invitados?». De nuevo, practicidad y sentido común al poder. Lo más sencillo es integrarlos en la mesa de la boda para que actúen de marcasitios o bien como simple acompañamiento.

Otra opción muy cómoda es recurrir a los típicos *corners*, donde podéis dejar los regalos para invitados y que sean estos mismos los que escojan sus detalles. Si son 100 invitados, resígnate y acepta que tendrás que poner 120, porque habrá invitados que, por ejemplo, se lleven bailarinas para sus hijas, nueras y hermanas que por supuesto no están presentes en la boda. Las abuelas y señoras mayores no tan abuelas son terribles, ¡arrasan sin mirar atrás! Hay que tomárselo, preferiblemente, con humor.

16. Viaje de novios

Nosotros el viaje de novios, error, lo dejamos para el último momento y no lo exprimimos al máximo como deberíamos haberlo hecho. Si no fuera por la reserva que Andrew y María nos organizaron para la última noche en el hotel Park Hyatt de Tokio, no hubiéramos disfrutado de ningún restaurante decente.

También, nuestro viaje de novios, de nuevo error, comenzó el lunes a primera hora. No os quiero ni describir cómo fue el viaje desde Asturias a Madrid el domingo por la tarde con el coche hasta arriba de cosas, después de haber dormido 3 horas escasas y con las maletas a Japón a medio hacer. Llegamos a Osaka el lunes por la noche en estado de coma cerebral. Sin exagerar.

Así que, tomad nota: organizad el viaje de novios con antelación, dedicadle el cariño que merece y no tengáis prisa por empezar el viaje de novios al mismo día siguiente de la boda.

Dicho esto, me puedo meter de lleno con otros consejos que, aunque no están basados en mi experiencia personal, son igual de útiles y valiosos:

1. **Contrata a un profesional.** La luna de miel será posiblemente el viaje más especial que hagas en tu vida. Un momento para celebrar y disfrutar en pareja, para empezar con buen pie vuestra nueva vida y para descansar después de meses y meses de estrés y preparativos. Seguramente tus últimos viajes los organizaste por internet: los vuelos, el hotel y las entradas para alguna exposición. Sin embargo, en un viaje de larga estancia en pareja es viable tener problemas con una mala escala que desbarate el plan por completo, por ejemplo.

   En el viaje de novios, nada puede fallar. Un viaje tan especial, por el momento, el destino e incluso por el presupuesto, merece estar respaldado por profesionales. El tiempo que requiere organizar un viaje de este tipo y las opciones a las que quizás por vuestra cuenta no tengáis acceso, son razones suficientes para contratar a una agencia de viajes especializada como Habana a Medida o Moah Viajes, por ejemplo.

2. **Contrata también un seguro de viajes.** El éxito de una luna de miel depende en parte del destino y de los hoteles que escojas, pero también de un buen seguro que te permita viajar tranquilo. Descubrir el mundo sin preocupaciones y con seguridad, con más motivo en los tiempos que corren, no tiene precio, siendo ya un elemento del viaje que deja de ser accesorio para convertirse en algo imprescindible.

   Busca un seguro médico (e incluso de cancelación) que también cubra determinadas circunstancias y situaciones provocadas por el Covid, que te pueda atender las 24h en tu idioma desde cualquier parte del mundo y que, ojo, no tenga esa dichosa letra pequeña que siempre juega en contra del cliente. ¿Mi recomendación? Chapka.

   Por cierto, no está de más que incluyas en tu maleta un pequeño botiquín con los básicos: paracetamol, ibuprofeno, pomada para aliviar reacciones alérgicas...

3. **Meditad los días de viaje con los que contáis y el presupuesto.** En ocasiones, los novios olvidan que hay destinos que requieren 2 semanas o más para poder visitarlos de una forma completa y sin agobios. Y, por consiguiente, esto también incide en el presupuesto final del viaje.

4. **Escoge un destino teniendo en cuenta la temporada.** La estacionalidad es uno de los puntos clave que debéis tener en cuenta para escoger no solo el destino, sino también la fecha para viajar. Tened en cuenta que en una parte del mundo puede ser verano, pero en otra todo lo contrario, y nadie quiere encontrarse con sorpresas climatológicas tales como ciclones o huracanes. Os lo dice alguien que viajó a Varadero (Cuba) y no pisó la arena. Es más, la estacionalidad también influye a la hora de hacer actividades basadas

en la observación de animales como es el caso de los safaris. ¡Que el cambio de estación no os juegue una mala pasada!

5. **Estudia tu destino antes de viajar.** Viajar a la aventura puede ser emocionante, pero eso resérvalo para las excursiones y actividades que lleves a cabo con tu pareja en destino.

Nunca está de más tener unas nociones básicas del país o ciudad a la que viajas. Recoge toda la información que puedas sobre aspectos que puedas necesitar como pasaporte Covid, vacunas, seguridad, sanidad, costumbres o direcciones de interés entre otros. ¡Solo necesitarás invertir un poco de tiempo para elaborar tu propio dosier informativo!

6. **Viajar ligero de equipaje.** Aunque a veces este propósito pueda ser una odisea cumplirlo, realmente es uno de los consejos más valiosos que podría darte. Vacía tu maleta de «por si acasos» e incluye únicamente cosas que sepas que vas a utilizar 100 %.

Obviamente, si trabajáis con un profesional, todos estos consejos los pondrá sobre la mesa en algún momento durante el diseño del viaje, pero no está de más que los vayáis teniendo en mente.

El Covid también ha generado muchas dudas respecto a la viabilidad de muchos viajes de novios y yo misma, a la hora de redactar este contenido, me he vuelto un mar de dudas. ¿Se puede viajar?, pero ¿a dónde?, y ¿cómo son las medidas en destino?, ¿no podría salir a hacer excursiones?...

Alberto Librero fue un profesor de la universidad (su asignatura era Mercados Financieros Derivados) que —tras plantearle con cierta vergüenza una pregunta cuya respuesta yo me temía demasiado obvia—, me contestó lo siguiente: «Quien pregunta es tonto un minuto y quien no pregunta es tonto toda la vida». Y ello me ha envalentonado desde entonces a preguntar sin complejos cualquier cosa que desde entonces me haya generado una duda. Así que, mientras tecleaba texto, descolgué el teléfono para hablar con Alfonso, director de Habana a Medida, a quien conozco desde hace tiempo y a quien todos (insisto, todos) sus novios avalan.

Y sus novios le avalan a él y a su equipo porque son muchas las agencias que comercializan viajes a medida, pero más bien pocas las que, además, por ejemplo, si cierran un viaje para el que quedan varios meses, periódicamente revisan los precios, hoteles, vuelos, rutas, etc., por si encuentran un vuelo con menos horas de escala o un hotel de mayor categoría, y que se toman la molestia de llamar al cliente y comentarle las nuevas opciones para mejorar un viaje que ya tenían «vendido». Como ejemplo, creo que es bastante gráfico y clarificador.

Alfonso me confirma que no solo se puede viajar, sino que también ¡debéis hacerlo!:

1. Porque no se puede renunciar al viaje más especial en la vida de una pareja.
2. Porque hay muchos destinos en los que se puede disfrutar al máximo.
3. Porque nunca un viaje de novios va a ser tan atractivo: condiciones de intimidad, exclusividad, autenticidad y mejores precios.
4. Porque hay seguridad: las agencias profesionales organizan viajes en los que están 100 % seguros de que todo va a salir bien.

Hay que hacer hincapié en la seguridad porque es francamente clave. Alfonso me cuenta que únicamente recomiendan viajes en destinos que consideran seguros y que incluso (me matará por escribirlo cuando lo lea) han renunciado a organizar viajes con destinos propuestos por los novios por no poder garantizar esto primero.

Se puede viajar con seguridad, y se puede hacer aprovechando las ventajas únicas que ofrece esta situación yendo de la mano de una buena agencia para convertir los problemas en oportunidades.

Dicho esto, le pregunto a Alfonso lo siguiente: ¿cuáles son los consejos de calidad —obvios y no tan obvios— para unos novios que van a empezar a organizar su viaje de novios? Y en su respuesta añado nuevos consejos desde su punto de vista profesional: la respuesta bien merece leerla:

- No arriesgar.
- No querer visitar demasiados países que puedan tener restricciones diferentes.
- No quedarte con una espinita. No renuncies a lo que te apetece: ¡este es tu viaje!
- No cerrarte a un destino. Puede que siempre te imaginaras tu luna de miel en un país concreto, pero hay otros mil rincones que explorar.

Recuerda, por favor, traerme una postal.

PROTOCOLO:
ROPA Y CELEBRACIONES

Decía el filósofo Montesquieu en su libro *Consideraciones sobre la grandeza y decadencia de los romanos* (año 1821) que «no se ofende más a los hombres que cuando se vulneran sus ceremonias y costumbres, pues siempre es una muestra de desprecio».

El año 1821 parece algo tan lejano que, de alguna forma, nos invita a concluir que el protocolo es una cadena anacrónica, anticuada, rígida, innecesaria y prescindible. Pero el protocolo no tiene nada que ver con el progresismo y la modernidad.

El protocolo es en sí mismo una herramienta útil para facilitar la convivencia, el entendimiento y la organización de eventos. Por ello, es igual de necesario hoy que hace 1000 años.

A veces el protocolo se confunde con la etiqueta, la educación, el saber estar, la diplomacia social o con el mismo sentido común, pero todos ellos comparten un objetivo principal: que anfitriones e invitados se sientan cómodos y seguros desarrollando su papel.

Es cierto que siempre me ha gustado el protocolo, lo he estudiado a lo largo de mi vida con mucho interés porque, para mí, un encuentro protocolario es un rito exquisito en peligro de extinción. Y yo, que me parezco mucho a mi padre —coleccionista de clásicos— siento admiración por determinados encantos de las épocas pasadas.

Observo siempre su presencia o ausencia sin juzgar, entendiendo siempre —en este campo y en muchos otros— que cada uno hace y deshace lo mejor que sabe y puede. Cualquier otro enfoque resulta un tanto esnob y, al contrario de lo que se pretende con dicha actitud, deja al «distinguido» en evidencia. Así que seamos flexibles con aquellos que —sin mala intención— no interpretan el protocolo y sus etiquetas correctamente.

Es evidente que el protocolo no está de moda, pero es importante controlarlo a la perfección para saber saltárselo con estilo y siendo consciente de ello. Sin embargo, los contenidos de mi web que abordan temas de protocolo son, curiosamente, los más consultados año tras año. Así que, sabiendo el paradójico interés que genera este tema a pesar de su creciente devaluación, quise desde un principio abordarlo en el libro.

Imaginaréis que mi boda fue una concatenación de momentos protocolarios desde la petición de mano hasta el cierre del baile, pero nada más lejos de la realidad. Precisamente yo, ¡contradicciones de la vida!, reinterpreté la clásica celebración en un evento *ad hoc* para Gonzalo y para mí en el que decidimos conscientemente —con sus pros y sus contras— primar el fondo frente a la forma. Fue una decisión libre que tomamos, además, muy importante para nosotros, sin incomodar a nuestras familias.

ROPA

A la afirmación de Montesquieu añado la de mi abuela Luz: «Es de buena educación honrar bien vestido al anfitrión». Y razón no le faltaba.

La ropa, además de suponer una partida importantísima dentro del presupuesto de la boda, es siempre un quebradero de cabeza. Genera en muchos casos nervios, miedos e inseguridades porque todos los protagonistas (la novia, el novio, la madrina, la madre de la novia…) quieren lucir perfectos y la mejor versión de sí mismos.

¿Por qué? Porque una boda es la alfombra roja social de una familia y todo el mundo quiere presentarse impecable.

Precisamente por eso me he aliado con la prestigiosa sombrerera Mariana Barturen para la redacción de esta sección. Porque Mariana no solo tiene un taller en pleno barrio de Salamanca en el que se respira alta costura, sino que también es una de las personas que mejor conoce y maneja el protocolo. Siempre es un gusto trabajar y colaborar con ella. Y no solo lo digo yo, lo dicen las madrinas, las madres de las novias y las mismas novias a las que les ha armado y cosido en horma sus velos trabajando también con tocados joya, azahar, pétalos y flores de la misma tela de su traje.

Novia

Las hay que llegan a su día B sin haberse imaginado antes vestidas de novia. Yo, sin embargo, fui de las que desde niña soñaba con ese momento romántico, coleccionando revistas de moda nupcial y parándome delante de cada iglesia en la que se detenía un coche clásico: ver bajarse del mismo a la novia y descubrir su vestido me parecía un momento delicioso que aún hoy, a mis 38 años, saboreo con intensidad. Más si cabe cuando me encuentro invitada dentro del templo y a quien descubro vestida de blanco es a una amiga querida.

Cuando desde mis redes sociales y mi blog anuncié nuestro compromiso, me sentí increíblemente honrada al recibir llamadas de múltiples y prestigiosos talleres que querían diseñar mi vestido. Pero, para bien y para mal, me había vestido tantas veces de novia para mis editoriales que tenía demasiadas ideas en la cabeza para encontrar un diseño especial y final con el que cerrar esa etapa: ese sería —como así fue— mi último vestido de novia.

Para la ceremonia, no quería prescindir de los 4 elementos que definen a una novia y que, en raras ocasiones si no en ninguna, se pueden lucir: un vestido largo de color blanco con una gran cola, velo y ramo personalizado.

Sin embargo, para la cena y el baile posterior buscaba un diseño ligero y más de noche que me permitiera bailar hasta que mi amigo Íñigo, como ya os he contado, pinchase el himno del Real Oviedo.

Era imposible diseñar un traje lo suficientemente reconvertible para que cumpliera todos mis requisitos sin degradar el diseño, por lo que finalmente lucí 2 vestidos diferentes. Qué pena, por cierto, me dio quitarme el segundo.

Mi primer diseño de novia incluía un velo sin veladura, con flores en relieve inspirado en el velo de novia de mi madre que —muy a su pesar y el mío— descubrimos que no había sobrevivido con integridad ni solución al paso del tiempo.

Como novias, vosotras también podéis decidir incluir velo (véase también mantilla) en vuestro estilismo, con o sin veladura.

Probando mi segundo diseño de novia con Javier y Macarena, diseñadores de From Lista with Love.
Foto: Click10 Fotografía

Últimas pruebas definiendo detalles finales de mi primer vestido de novia de From Lista with Love.
Foto: Click10 Fotografía

Es conveniente saber que lo más importante de un velo es que vela la cabeza, pero no la espalda, y que la posición real de un velo es encima de la coronilla. Todos los velos deben ir cosidos en una horma, no solo para no estropear la que podría ser una reliquia familiar pasada o futura, sino también para coserlos y estructurarlos apropiadamente de tal forma que sienten bien a la cabeza y además estén despegados de la misma. Para mí un velo es un accesorio mágico y exclusivo del que ninguna novia debería prescindir, y luce maravilloso siempre que hay cierto aire entre el rostro, la cabeza y el velo. Precisamente para que flote, no se puede horquillar directamente sobre la cabeza. Ni hablar de velos de colores, más allá de color té.

En principio una novia, cuando decide llevar velo, entra velada a la iglesia y debería escuchar la misa velada hasta el momento del intercambio de los anillos, que es cuando el novio «pide» formalmente a la novia y comienza el rito del matrimonio. También puede escoger retirarse el velo al llegar al altar después del paseíllo, sabiendo que es un gesto bonito pero no estrictamente protocolario.

Tanto a Mariana como a mí nos gustan las novias que mantienen el velo durante el almuerzo o la cena y la apertura del baile, ya que estéticamente es una maravilla la estructura de una cabeza velada con el velo cayendo sobre los hombros junto con el traje más la cola. Pero para las que no quieran llevarlo durante todo ese tiempo, podrán retirárselo antes de comer.

El velo, es importante señalar, no sirve para cumplir con una de las normas de protocolo más importantes dentro de un templo sagrado: la de cubrir los hombros, los escotes que no albergan la esperanza de la imaginación y las espaldas pronunciadas. Esa es tarea exclusiva del traje.

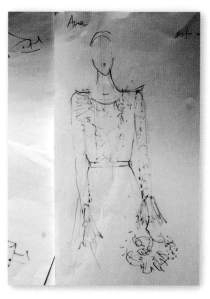

Me gustaba que, como Gonzalo, Javier Zumárraga —diseñador de From Lista with Love— fuera arquitecto. Aquí, sus bocetos de mi primer vestido

Es algo que debemos tener muy en cuenta cuando nos decantamos por un diseño sabiendo dónde (las ceremonias religiosas exigen cierta prudencia y recato), cómo, cuándo y con quién nos casamos, tratando por supuesto en todos los casos de favorecer nuestras virtudes físicas y respetando nuestro estilo personal. No es lo mismo un almuerzo que una cena, una pequeña capilla que una gran catedral ni un hotel urbano que una finca en el campo, y por eso es importante tener en cuenta la hora, el entorno y otras variables para que el vestido sea el apropiado y entone con todas las circunstancias que lo van a rodear.

Por cierto, el tópico de que todas las novias están guapísimas es cierto. El de que no pasan frío, no. Así que organiza tu *look* nupcial para llegar al viaje de novios sin anginas ni antibióticos.

Yo acudí sola a las primeras citas de diseño y pruebas del traje, no quería que nadie condicionase mi vestido. Sabía que habría

Detalle de la manga de mi primer vestido, con flores 3D inspiradas en el vestido de novia de mi madre.
Foto: Click10 Fotografía

querido darle gusto a mi madre —que es más buena que nadie— si me hubiera sugerido con su mejor intención alguna idea o cambio sobre el tejido, acabado o forma de mi elección inicial. Compensé, eso sí, invitándola a las últimas pruebas en las que el diseño ya estaba totalmente definido y en las que descubrió —con mucha emoción— que me había inspirado en su vestido de novia.

No fue mi caso, pero mucho se ha hablado del batallón de primas, cuñadas y amigas que —consciente o inconscientemente— no aportan opiniones delicadas, constructivas y, en definitiva, acertadas. Así que, ¡cuidado!

No podían faltar en esta sección consejos y declaraciones de mi querida prologuista Cristina Martínez-Pardo Cobián, una de las grandes profesionales de la costura de nuestro país a través de su firma Navascués, que es considerada todo un referente en el mundo del diseño.

Para ella es importante que os dejéis asesorar por los profesionales que habéis escogido para el diseño de vuestro vestido, pues

Pendientes de oro blanco, diamantes y morganitas de la Joyería Suarez

son ellos los que conseguirán emocionaros con vuestro vestido y, al mismo tiempo, favoreceros al máximo.

No hay duda de que, en un diseño a medida, de alta costura, se cuida hasta el mínimo detalle para que realmente sea un vestido único, y esa es una de las máximas en el taller de Navascués. Muchos años de experiencia y un excelente equipo de trabajo hacen posible que cada diseño sea irrepetible y pueda personalizarse para captar la esencia de cada novia. Siempre, por supuesto, elaborados por su equipo de artesanos con los tejidos más exclusivos, mezclando texturas, bordados, incrustaciones y encajes para conseguir que sus vestidos tengan un sello inconfundible y sean, de alguna forma, obras de arte.

Escojas el taller o la marca de vestidos de novia que escojas, me parece superimportante que una semana antes acudas a la última cita con el peinado, el maquillaje, el velo, los zapatos, las joyas y el ramo. Porque todo puede ser fabuloso por separado y un auténtico desastre en conjunto. El día B ya no tendrá solución.

Pensad también en un zapato de recambio para el baile, por si no aguantáis con el zapato inicial hasta el final. Intentad, eso sí, que tenga el mismo tacón que el primero para no tropezaros constantemente con el largo del vestido y para no destrozarlo si pretendéis conservarlo.

Por cierto, toma nota para cuando te toque guardar el vestido. Posiblemente sea la prenda más especial en la historia de tu vida, quién sabe si también en la historia de las siguientes generaciones familiares, por lo que para conservarla correctamente no se puede guardar de cualquier manera.

Consulta lo primero al diseñador o a la marca de tu vestido de novia, ellos mejor que nadie conocen los tejidos con los que han trabajado y seguro que también pueden recomendarte una buena tintorería especializada en trajes de novia para su limpieza en seco inmediatamente después, sin dilación, de la celebración. Cuanto más tardes en acudir a la tintorería, más difícil será retirar todas las manchas.

Hazte también con una caja de cartón sólida y resistente totalmente opaca (sin ventanas que permitan la entrada de luz que puedan amarillear tu vestido) y fórrala con papeles de seda incoloros y libres de ácidos para que las tintas del papel no traspasen al tejido del vestido y mantengan el traje separado del cartón. Escoge un buen sitio para almacenarla: protegido de la luz, sin humedad y sin cambios bruscos de temperatura, y comprueba cada cierto tiempo que el vestido sigue en perfectas condiciones.

Guardar el vestido de novia en una funda de plástico es un error estrepitoso, porque el plástico no permite que el vestido transpire y, con el paso de los años pueden llegar a aparecer manchas de moho y humedad. Además, por supuesto, de que las fundas también permiten la entrada de luz. ¡Que no te pase como a nosotras con el velo de mi madre!

Novio

Es el novio quien marca la etiqueta de la boda y, por ende, el vestuario de las mujeres asistentes a la boda, a excepción de la novia. Si el novio va de esmoquin (algo común en Francia y en Cataluña), las mujeres deberán acudir de largo hasta los pies. Si el *dress code* de la invitación indica chaqué o traje oscuro (o no indica nada), las mujeres deberán ir de corto y tocadas.

Es cierto que el novio también debería ser objeto de todas las miradas, pero su indumentaria solo cobra protagonismo cuando es estrepitosamente desacertada.

Obviamente, siempre que sea posible, lo ideal es descartar el alquiler. Los hombres, ¿por qué no?, también deben recuperar la ilusión de vestir a medida.

En nuestro caso, no especificamos etiqueta en la invitación de nuestra boda porque, salvo casos excepcionales, se entiende que el novio y sus testigos lucirán chaqué y el resto de los invitados traje oscuro.

Y como por protocolo ni novio ni invitados deben retirarse en ningún momento la levita o chaqueta ni, por supuesto, la corbata, es importante que todos escojan tejidos finos compuestos por fibras naturales perfectos para no morir de calor bajo varias capas de ropa, especialmente en verano.

Gon estaba guapísimo y muy elegante con un chaqué confeccionado a medida en un tejido Príncipe de Gales azul tanto en la levita como en el pantalón y el chaleco. Fundamental, eso sí, que las primeras medidas sean certeras. Hay que evitar los cambios de peso durante la confección o después de la misma, porque con los arreglos múltiples la prenda se va deteriorando y perdiendo forma. Aplicable también, por cierto, al vestido de novia, madrina y cualquier otro diseño a medida.

Volviendo al chaqué, Gonzalo lo personalizó hasta el infinito. En la levita se bordaron las iniciales de Gon y la fecha de la boda encima del bolsillo interior izquierdo, un detalle genial que hace que sea una prenda única e irrepetible.

En el pantalón, pensando en el uso futuro del mismo, lo escogió sin trabillas para el cinturón y sin pinzas, ya que Gon está delgadito y estiliza más, y también dos detalles en el interior de la cinturilla: una goma interior para evitar que la camisa sobresalga con facilidad y botones para tirantes, para vestir el pantalón con tirantes con abrazaderas. Un bajo inclinado para que no hiciese mucha arruga delante y tapase el tacón del zapato por detrás, una talonera para evitar el roce del zapato y alargar la vida del pantalón y dos bolsillos traseros sin botón para que fuese más formal.

En cuanto al chaleco, no hubo duda, cruzado 6 x 3 botones, solapa de pico y bajo recto. Es la opción más formal que además iba en sintonía 100 % con el resto de detalles. Por su parte la camisa con puño doble y con las iniciales de Gon en el pecho izquierdo.

Como complementos, unos zapatos clásicos negros de cordones regalo de su hermano José, unos gemelos de monedas de oro que su padre le regaló hace años y el reloj que le regalaron mis padres el día de la petición de mano.

Gonzalo luciendo chaqué terminando de vestirse

Foto: Click10 Fotografía

Madrina

La tradición nupcial española le otorga especial protagonismo a la madrina y, sin competir en ningún momento con la novia, debe cuidar al milímetro su estilismo haciendo de la máxima «menos es más» su guion de estilo.

Mantilla sí o no, ese es el verdadero punto de partida para empezar a diseñar el estilismo de cualquier madrina. Tengo claro que el día que yo sea madrina de mi hijo mayor me encantará lucir mantilla negra. Es algo tan español y tan favorecedor que sería incapaz de renunciar a un complemento tan auténtico como este.

Si se ha escogido llevar mantilla, hay que hacer otra elección adicional: con o sin peina.

Las que decidan lucirla con peina deberán tener en cuenta la teja que se va a utilizar, que ha de estar proporcionada en alto y ancho respecto a la fisonomía de la madrina. En este caso es imprescindible llevar el pelo recogido para sujetar la peina así como contar con la ayuda de alguien que una vez peinada sepa colocarla milimétricamente para pasearla en su máximo esplendor.

O se coloca perfecta en la peina, o es preferible renunciar a ella. Y es que la teja no es un extra imprescindible de la madrina. Igual de protocolario, clásico y

Mi abuela Luz y mi madre elegantísima con tocado de Mariana Barturen y vestido de Sole Alonso

favorecedor es llevarla arrebolada sin peineta, arte que —por cierto— Mariana Barturen maneja a la perfección.

Sin peina, una sombrerera armará la mantilla sobre una horma interior de terciopelo negro con sujeciones y entolará la mantilla para que esta coja cuerpo y la blonda suba y se quede al aire.

Prescindir de la peina tiene varias ventajas. No se necesita llevar recogido el cabello para colocarla y es también especialmente útil cuando la boda se celebra en otro país, donde resultará mucho más complicado encontrar a alguien que sepa sujetar y estructurar correctamente la mantilla sobre la peina. Además, la mantilla arrebolada sí acepta adornos como flores, lazos en varios tonos, lazos con condecoraciones, broches joya… que sí se pueden mantener una vez se haya retirado la mantilla, sin dejar a la madrina —que luce un diseño sencillo monocromático— sin su complemento principal.

Escoger una u otra (con o sin peina) dependerá de una misma: lo que más guapa te haga sentir, lo que menos te incomode, lo que más grácil te haga parecer… y se ha de lucir con un traje lo suficientemente largo para que cubra la piel en la que se apoya la mantilla. Es decir, si la mantilla llega hasta la rodilla, hasta ahí mismo deberá haber bajado como mínimo la tela del traje.

Los estampados, las transparencias, las asimetrías… no encajan al 100 % con el toque regio y clásico que aporta la mantilla. También hay que lucirla con porte y aplomo, precisamente porque es un accesorio complejo que requiere la seguridad de quien lo luce.

Por cierto, la mantilla se ha de mantener mientras la novia mantenga su velo.

Luzca o no mantilla, la madrina tiene que ser especialmente meticulosa a la hora de escoger el traje, para poder hacer su entrada sin necesidad de recoger su vestido para subir o bajar escalones, así como para colocar y recolocarse el traje al sentarse y levantarse. Es decir, no debe manosear el vestido. Si el traje no le permite prescindir de las manos, entonces es que no es el apropiado para ese momento.

Los guantes en invierno, el abanico en verano y el bolso diminuto durante todo el año (cuanto más importante es la celebración, más pequeño debe ser el bolso) son otros complementos que aportan estilo y personalidad al estilismo.

Madre de la novia
y resto de invitadas

No es una norma de protocolo, pero sí una deferencia hacia la madrina que la madre de la novia ha de tener en cuenta: interesarse por el color y la forma del vestido de la madre del novio para no restarle protagonismo. La madre de la novia ha de aceptar con deportividad su segundo plano durante el día B —después de haberse podido implicar con más intensidad en los preparativos— y cederle todo el protagonismo a su hija y consuegra.

Dicho esto, el protocolo para la madre de la novia sería exactamente igual que para el resto de invitadas: de corto (entre rodilla y tobillo) y tocada con tocado, sombrero, pamela... según la silueta del traje.

A un traje más estructurado y marcado en cintura le combinará mejor una pieza con más ala y abierta en la parte de arriba. Si por el contrario se luce un traje fluido tipo túnica quizás quede mejor un tocado. En cualquier caso, siempre hay que tener en cuenta las líneas que genera el ala y el espacio que hay entre el cuello del traje para determinar la estructura apropiada de tocado. Como dice Mariana Barturen: «Cualquiera puede llevar sombrero, solo hay que encontrar el adecuado. Es increíble ver cómo un sombrero te transporta, remata un buen vestido, te intensifica la mirada o te hace parecer más alta. Para encontrarlo solo hay que probar, probar... y probar».

Da igual que la boda sea a las 12 de la mañana o a las 7 de la tarde. La novia sigue siendo la novia y el evento sigue siendo el mismo. Es una confusión ultrageneralizada pensar que en las bodas de tarde no se luce tocado, porque aunque la boda sea de tarde tú te vistes de boda independientemente de la hora o del mes del año, y a las bodas se acude tocada.

La época del año tampoco tiene que ver con la elección de la pieza. No porque sea junio me pongo un sombrero y porque sea diciembre me pongo un tocado, pero sí tiene que ver con el tipo de material que se utiliza tanto para el tocado como para el traje. En invierno puedes llevar un tocado de topé (fieltro de lana) pero no un sombrero de paja. Es como llevar sandalias y un vestido de tirantes de gasa con elementos florales en diciembre o ir en agosto a una boda con un traje de chaqueta de lana y sombrero de terciopelo. No funciona.

Las invitadas que tengan el honor de ser testigos y tener un papel más destacado accediendo para leer o firmar, por ejemplo, al altar, deberán recordar que la boda no es una entrega de premios y que el buen gusto y la discreción en escotes, transparencias, estridencias y tocados descomunales serán aplaudidos en silencio por los novios y sus familias. Seguramente también por el sacerdote.

Mi blog *www.anaggayoso.com* y mi cuenta de IG *@anaggayoso* siempre ha sido desde su *backstage* un consultorio de dudas para novias e invitadas, y una de las preguntas que más se ha repetido versa sobre la etiqueta de vestuario en las bodas civiles.

Sabed que la etiqueta para las celebraciones civiles es exactamente igual a la etiqueta de las celebraciones católicas, salvo que los novios comuniquen expresamente a sus invitados que establecen otra diferente para su ocasión. No por ser una ceremonia civil, la celebración tiene que ser obligatoriamente menos formal o importante.

Luego si en una boda civil la novia va de blanco y el novio luce traje oscuro o chaqué, los invitados irán de traje oscuro o chaqué y las invitadas de corto y tocadas.

«Ahora viene cuando la matan», que es algo que siempre nos dice mi madre cuando vemos cualquier película o para avisarnos de que va a soltar una bomba: las invitadas a una boda, por protocolo, nunca deberán ir de largo si la etiqueta es de chaqué o traje oscuro. Únicamente acudirán de largo cuando se indique expresamente *black tie* o esmoquin. Ahí lo dejo.

Pajes

La entrada de la novia y la cara del novio mientras la ve entrar son los indiscutibles focos de atención cuando empieza la ceremonia. Pero, hay que reconocer que, más allá de la madrina, la decoración floral de la ceremonia y los *looks* de las testigos, los siguientes protagonistas son ellos: los niños de arras.

Reconozco que la entrada de la novia, que de por sí es de lo más emotiva, tiene un plus entrañable cuando los niños de arras (o lo que es lo mismo, cortejo nupcial —lo de damas y pajes de honor no lo termino de ver—) la preceden y acompañan hacia el altar.

Es importante que los niños de arras tengan como mínimo 3 años y vayan conjuntados entre sí y también que su estilismo juegue de alguna manera con el de la novia, bien en diseño, tejido o colores. Cuantos más niños, mejor, desde luego, siempre que la familia y el presupuesto lo permitan, ya que deben ser los novios quienes se encarguen del vestuario de los niños a los que convocan como su cortejo.

Marinuchi, mi querida sobrina y ahijada vestida para la ocasión por Marta García Conde. Foto: Click10 Fotografía

Pero si bien la estética y el estilo de la boda condicionan muchos elementos de la misma, hay que pensar siempre en el bienestar de los niños. Que estén cómodos, que no pasen frío ni excesivo calor y que se sientan bien, sobre todo a ciertas edades en las que ya se empiezan a ver ridículos con ciertos estilismos y complementos. También, ¡muy importante!, que quieran participar, que les apetezca disfrutar del paseíllo y disfrutar de su momento de gloria, por decirlo de alguna forma. Cada niño tiene su personalidad y no encaja con todos ser el centro de atención.

Tanto a Gonzalo como a mí nos hizo mucha ilusión que fuera mi sobrino Gonci quien nos entregara las alianzas y estuviera con nosotros cuando intercambiamos los votos. Foto: Click10 Fotografía

CELEBRACIONES

Petición de mano

Recuerdo mi petición de mano con especial cariño. La celebramos únicamente 3 días antes de la boda (el 12 de octubre de 2016) porque, con el poco margen de maniobra que le dimos a nuestras familias, fue imposible reunirlos a todos antes.

La idea inicial era celebrarla en casa, pero mi padre acababa de salir del hospital donde había estado casi un mes ingresado y decidí —para evitar complicarle la vida a mi madre, que bastante jaleo ya había tenido— celebrarla en un salón privado del Real Club de Tenis de Oviedo en compañía de nuestra familia directa y mi mejor amigo, Carlos Navarro.

El origen de esta tradición se remonta a la Antigua Roma, en la que el pretendiente debía contar con la aprobación del padre de la novia para confirmar la celebración del matrimonio y la cesión de su mano, véase, control.

Con el tiempo, este encuentro acabó celebrándose en casa de la novia y servía no solo para que ambas familias se conocieran, sino también para discutir los términos económicos del enlace y su futuro conyugal.

Foto de nuestra petición de mano en el Real Club de Tenis de Oviedo. Foto: Mercedes Blanco

Afortunadamente, a día de hoy los novios deciden por sí mismos y la petición de mano es un encuentro entrañable con el que alargar las celebraciones y la alegría que supone una boda en la familia.

Gonzalo ya me había pedido matrimonio el 1 de julio, 3 meses antes, pero igualmente no queríamos renunciar a este encuentro tan bonito en el que nos sentimos muy arropados por los nuestros, que estaban tan felices como nosotros. Nuestros padres se conocen desde niños, como Gonzalo y yo, así que nos sentimos en familia desde el principio de nuestro noviazgo mucho antes de que cualquier papel lo corroborase.

Cuando entré al salón del Tenis se me cayeron las lágrimas viendo otra tradición muy bonita asociada a la cena de petición de mano: no cabía ni un solo centro más de flores. Las flores de Gonzalo, de mis hermanas, de todos mis amigos íntimos… una maravilla. Por cierto, si vas a enviarle flores a la novia (no a los novios, las flores solo son para ella), aun con la mejor intención, no se pueden escoger centros excesivamente grandes o llamativos que puedan dejar en mal lugar a las flores que el novio le envía a la novia, que ha de ser el centro floral indiscutiblemente protagonista. A mi querida amiga Águeda Alvargonzález le envié en 2012 un ramo de calas, recordando una conversación lejana en la que había comentado que eran sus flores favoritas. Le hicieron muchísima ilusión.

Se celebre en casa de los padres de la novia o en el reservado de un restaurante, el padrino es el anfitrión de la velada. Si está previsto que la cena sea formal en una mesa —previsiblemente rectangular—, el padre y su cónyuge ocuparán las presidencias al estilo anglosajón (en las puntas de la mesa) sentando a sus respectivas derechas a la madre y al padre del novio. Los prometidos, sin embargo, se sentarán juntos en el centro de uno de los laterales. Algo que, por cierto, una vez casados no volverán a hacer.

¿Sabías que por protocolo los matrimonios se sientan separados y los novios se sientan juntos? Todo el protocolo tiene su lógica y esta norma también tiene la suya. En los almuerzos y cenas, los novios (que antiguamente no vivían ni viajaban juntos antes de casarse) aprovechaban estos encuentros para conocerse mejor y afianzar el noviazgo. Sin embargo, los matrimonios que ya compartían vida plena, en este tipo de convocatorias debían disfrutar y enriquecerse con las conversaciones de otros invitados ajenos al hogar.

Volviendo a la petición, en muchas ocasiones al terminar la cena y el intercambio de regalos (tradicionalmente un solitario para ella y un reloj para él) se unen a la celebración los amigos íntimos y testigos.

Hay tantos momentos tristes y duros en la vida que hay que tratar de exprimir y alargar al máximo los encuentros y celebraciones que son felices, memorables e irrepetibles para poder reconfortarnos al recordarlos. ¡Y que nos quiten lo *bailao*!

Decoración de la mesa de nuestra petición de mano por Patricia Ibarrondo y Daniel Pando. Al fondo, algunos de los muchos centros de flores que llegaron al RCTO. Foto: Mercedes Blanco

Preboda

La fiesta preboda es, en sí misma, una despedida de solteros conjunta. Es la noche previa al importante cambio de estado civil.

Tiene todo el sentido celebrarla cuando se quiere y se puede, pero también se debe cuando estamos organizando una boda destino (las que se celebran lejos de la ciudad origen de los novios y todo el grueso de la familia e invitados viaja a un lugar concreto) o cuando, aun celebrándose en la ciudad de los novios, hay un gran porcentaje de invitados que se ha desplazado expresamente para acudir a la celebración.

En nuestro caso, sabiendo que todos nuestros invitados se desplazaban y hospedaban en la zona de Colunga para acudir a nuestra boda, decidimos organizar el día antes una cena informal en

Para nuestra despedida de solteros el día antes de la boda, organizamos una espicha típica asturiana en Llagar Crespo. Foto: Click10 Fotografía

Lo decoramos muy sencillo, ad hoc *al lugar y al momento desenfadado que estábamos celebrando.*
Foto: Click10 Fotografía

un lagar asturiano en la que nuestros invitados pudieron degustar sidra artesanal espichada directamente del barril. Tanto a los invitados locales como a los internacionales les pareció un encuentro con encanto y acertadamente comedido.

Es un momento de bienvenida, divertido y distendido para reencontrarse con los amigos y cubrirse de felicitaciones y abrazos. El día de la boda pasa tan rápido que también así se disfruta durante más tiempo de la compañía y la felicidad compartida de tus invitados. Como ocurre con la petición de mano, también así se alargan y se disfrutan más las celebraciones asociadas a la boda.

Es tentador convertir este encuentro (casi siempre en formato cóctel) en otro fiestón adicional que hay que manejar con cuidado para calentar motores, pero sin convertirlo en otra boda y sin desinflar a nuestros invitados antes de tiempo, por lo que deberá concluir como tarde a la 01:00.

Gonzalo y yo entrando juntos a la ceremonia de nuestra boda. Foto: Click10 Fotografía

Ceremonia

Ya os dije que Gonzalo y yo conscientemente nos saltamos el protocolo varias veces, y la ceremonia fue una de ellas. Queríamos que la celebración fuera personal y nos representase al completo. Queríamos, en definitiva, hacerla nuestra y que resultara emocionante no solo para nosotros, sino también para nuestra familia y amigos.

Así, Gonzalo y yo decidimos entrar juntos a nuestra ceremonia, mientras de fondo sonaba *To Build a Home* de The Cinematic Orchestra. Fue tan bonito y natural que se convirtió para mí en el momento más especial de toda la boda.

En cuanto a la ceremonia en sí, quisimos dejar el papeleo para la intimidad y dejamos que las personas que mejor nos conocen y más nos quieren hablasen por nosotros. Novios e invitados reímos y lloramos a partes iguales.

Mi suegro, que no estaba previsto que hablase, nos sorprendió con un breve discurso y con una petición clara y concisa: muchos nietos y pronto. Un *speech* que pronto mis amigas calificarían como el *baby pressing* más auténtico y directo de la historia. No le decepcionamos, pues 4 años más tarde ya habían nacido nuestros 3 hijos.

Dicho esto, soy consciente de que lo que Gonzalo y yo hicimos fue muy personal y particular. El formato tradicional tiene también muchísimo encanto, otro diferente, en el que la novia se dirige hacia el novio, el novio descubre a la novia y juntos disfrutan de una ceremonia solemne e imponente.

Hemos de ser puntuales, mejor aún si llegamos a la ceremonia con 5-10 minutos de antelación para saludar a nuestros amigos en el exterior del templo y para no convertir la iglesia en un club social. A la novia, eso sí, le concedemos 5 minutos de cortesía —*maximísimo* 10— para hacer su gran entrada.

Los primeros invitados en llegar no se sentarán en los extremos de los bancos, lo harán en el centro de los mismos para facilitar el asiento a los que vengan detrás. Los hombres facilitarán su

La ceremonia fue de lo más emotiva, reímos y lloramos a partes iguales con todos los discursos

asiento a las mujeres y mayores si estos escasean, y si afortunadamente hay hueco para todos, deberán ocupar los extremos de los mismos y ceder el interior a las mujeres. A ver quién se resiste a llegar la primera y coger sitio justo al lado del pasillo para descubrir en «primera fila» tanto el vestido de la novia como la cara del novio al verla entrar...

En la versión protocolaria, la entrada a la ceremonia tiene su orden y al templo accederán los invitados de menor a mayor importancia, quedando para los últimos reservados y libres los primeros bancos frente al altar.

1.º Los invitados que no tienen un papel destacado
2.º Los testigos por parejas, colocándose a la izquierda los de la novia y a la derecha los del novio
3.º Los hermanos de los novios también por parejas de menor a mayor edad
4.º La madre de la novia y el padre del novio
5.º La madrina y el novio
6.º El cortejo nupcial, es decir, los niños de arras si los hubiera
7.º La novia entra del brazo izquierdo de su padre y/o padrino y sujeta con su mano izquierda el ramo.

Ya en el altar, y frente al mismo, se colocan de izquierda a derecha madrina, novia, novio y padrino. Es decir, las mujeres a la izquierda y los hombres a la derecha. Muchos novios por desconocimiento o pura preferencia se sientan al lado de su madre o de su padre, pero la organización protocolaria indica justamente lo contrario.

Durante la ceremonia, ningún protagonista ni invitado permanecerá de pie o sentado con los brazos o las piernas cruzadas, una postura informal y poco decorosa que no está permitida dentro del recinto sagrado.

Una vez terminada la ceremonia, sin realizar sesiones de fotos en el altar, la salida de los invitados seguirá el mismo orden de la entrada solo que a la inversa, permaneciendo todos los invitados de pie en sus respectivos asientos (sin aplausos, por supuesto) mientras los novios abren la salida de la comitiva familiar. De esta forma también, al salir los primeros, se dirigen apresuradamente al espacio donde continúa la celebración para ganar tiempo en su sesión de fotos como recién casados y ganársela en disfrute al aperitivo. ¡Qué pena me da de esos novios que no llegan a probar ni un canapé!

Hay una opción menos protocolaria para la salida, pero muy divertida para los novios que salen los últimos del templo para recibir los entusiasmados vítores de sus amigos, además del solicitado beso.

Por cierto, cuando entramos y salimos de la iglesia, hacemos una genuflexión hacia el Tabernáculo (sagrario donde se guarda el pan consagrado en la Eucaristía). Si alguien es físicamente incapaz de hacer una genuflexión, entonces una reverencia es suficiente. Durante la misa, si tienes que pasar delante del altar, inclínate reverentemente.

Aperitivo

Durante el aperitivo no hay mucho protocolo en el que incidir, así que aplicaremos el sentido común.

Como novios, debemos repartir nuestro tiempo en el aperitivo entre todos los invitados, tratando de conversar con unos y con otros, jóvenes y mayores. Hace unos años fui a una boda en la que la novia solo habló, se fotografió y bailó con su grupo de amigas, y me pareció un gesto muy descortés hacia el resto de los invitados además de un mal pronóstico en la vida social de su ya marido.

Un cóctel dura aproximadamente 2 horas, tiempo que no se debe alargar en exceso, más si tenemos un gran porcentaje de invitados mayores que aguantan peor de pie. Por ello, hay que habilitar espacios en los que estos puedan sentarse cómodamente (nada de pufs ni futones). Un asiento por cada 3 invitados es más que razonable. Si os decantáis por un aperitivo largo y abundante, el almuerzo o cena será necesariamente más reducido.

La comodidad de nuestros invitados es la prioridad. Que puedan sentarse si quieren, que tengan mesas altas con taburetes donde apoyar sus bebidas y sus complementos/accesorios... y sobre todo —muy importante— que no pasen ni frío ni calor, por lo que no se puede escatimar en estufas, sombrillas, toldos, abanicos...

Quizás ya lo hemos comentado en el apartado de *catering*, pero no está de más insistir en que los aperitivos (ahora denominados *finger food*) deben poder comerse de un bocado sin resultar aparatosos ni excesivamente complicados. También habrá de tenerse en cuenta la época del año, ya que no suelen apetecer los mismos bocados en verano o en pleno invierno.

Los puestos o bufets son un acierto, siempre que estén proporcionados al número de invitados. En la boda de mi hermana Covadonga, había una barra de casi 5 metros de largo con un bufet degustación de todo tipo de quesos asturianos, algo que resultó de lo más atractivo tanto para los invitados de fuera como para los locales. También mi amiga Eli Soler en su boda celebrada en Barcelona ofreció durante el aperitivo una barra inusualmente larga en la que se podía elegir tomar una copa de vino de entre más de 50 opciones. Insisto en que la proporción y la capacidad de servicio de este tipo de bufets es muy importante, por lo que si estáis decididos a incluir en vuestro aperitivo varios puestos no importará que sean más pequeños y, por ende, tengan menos capacidad de cobertura. Sin embargo, si solo vamos a poner un bufet de quesos o, incluso, un bufet de postres para concluir el almuerzo o la cena, debe tener un tamaño mayor. Lo mismo ocurre con el cortador de jamón: uno por cada 200 invitados aproximadamente para que no se forme una cola y espera deslucida. Esta cifra también es variable en función de si —por ejemplo— se va a pasar jamón ya cortado con anterioridad. Sabed una cosa... ¡nunca sobra jamón!

Almuerzo o cena

Para que la entrada al espacio habilitado para el almuerzo o la cena no sea un verdadero caos, colocaremos en un lugar visible por todos —preferiblemente a la entrada del aperitivo— el protocolo de mesas. Sobra decir que es mucho más formal referirnos a nuestros invitados como Srta. María Pérez Pérez y Sr. Don José Gómez Gómez que como «María y Pepe».

- Cuando las mujeres estén solteras, nos referiremos a ellas como Srta.
- Cuando las mujeres estén casadas, nos referiremos a ellas como Sra. Doña
- Los hombres, solteros o casados, nos referiremos a ellos como Sr. Don
- En una pareja de novios, el nombre de ella precederá al de él
- En un matrimonio, el nombre de él precederá al de ella, o bien se utilizará la fórmula Sres. de Gómez Pérez.

Este mismo protocolo debéis utilizarlo a la hora de enviar las invitaciones y también de cara a vuestros agradecimientos postales por los regalos recibidos, pues vuestro nombre cambiará de posición según lo agradezcáis antes o después de vuestra boda.

Organizar las mesas siempre es un quebradero de cabeza que se mantiene activo hasta el último día con los reajustes que hay que hacer debido a las bajas de última hora. Lo ideal no solo es organizar a los invitados por mesas, sino también asignarles un asiento determinado en la misma. De esta forma evitamos los corrillos de hombres y mujeres, separamos a los matrimonios y favorecemos que haya una conversación común y —en definitiva— más agradable y democratizada para todos.

Las mesas de solteros me han parecido siempre divertidísimas, juntarlos me parece un acierto total. A los invitados que sabemos que son más aburridos, a esos los dividiremos entre diferentes mesas, para que se contagien del entusiasmo y la animación de los demás.

Discurso y agradecimiento de Gonzalo al terminar el segundo plato. Foto: Click10 Fotografía

Si precisamente tenemos mucha confianza con los novios y somos amigos íntimos, no les pediremos que nos sienten con unos y no nos sienten con otros. Más bien todo lo contrario: les facilitaremos la tarea ofreciéndonos como «comodín» para acompañar en la mesa a un invitado o pareja que se encuentre más bien sola.

En la mesa presidencial se sentarán los novios con sus padres y sus respectivas parejas, si es que sus matrimonios no han llegado unidos hasta el «sí, quiero» de sus hijos. Pero como no todos los matrimonios terminan esa delicada fase de forma cordial, a veces es preferible que los novios se sienten con sus testigos, escurrir la tensión a cortar con un cuchillo y dejar que sus padres también sean anfitriones con sus mejores amigos en sus respectivas mesas. ¿Menos protocolario? Sí. ¿Más pacificador? También.

Alrededor de la mesa presidencial se irá colocando a los invitados de mayor a menor importancia. No debemos ofendernos si alguna vez nos toca la mesa más alejada porque ello puede deberse también a otras 2 circunstancias:

— Hay amigos más alborotadores que otros. Si van a divertirse a tope y montar un poco de follón, mejor que se desfoguen fuera del mogollón.

— Quizás a los amigos que más queremos los sentamos alejados precisamente porque hacemos uso de esa amistad, para no incomodar a otros con los que tenemos menos confianza y que podrían molestarse.

Cuando los novios hacen su entrada al comedor, generalmente escogen una canción animada o bonita que les represente. En nuestro caso, Gonzalo y yo nos decantamos por *With a little help from my friends* de Joe Cocker, y creo que acertamos porque nuestros amigos enloquecieron cuando entramos justo al comenzar el estribillo.

Yo no soy especialmente fan de hacer la noria con la servilleta. Si me dieran a elegir, lo aboliría. Pero a veces —¡solo a veces!— hay que dejarse llevar por la masa. ¿Vas a ser el único de todo el salón sin levantar la servilleta haciendo clara tu postura protocolaria?, ¡pues claro que no! Nos divertimos, agitamos la servilleta con alegría y no enviamos el mensaje poco humilde de creer que tenemos más estilo que nadie al permanecer rigurosamente exquisitos en nuestra silla. A estas alturas ya os habréis dado cuenta de que ni las bodas ni la vida misma van de eso.

Transcurrido el primer plato y el segundo, Gonzalo y yo brindamos por nuestros invitados, abandonamos la mesa sabiendo que nos perdíamos el postre (que ya habíamos saboreado con especial intención en la prueba de menú) y comenzamos a saludar mesa por mesa. Al empezar esta otra tradición un poquito antes sin esperar a los cafés, conseguimos reducir el tiempo de la cena y que esta no se hiciera ni muy pesada ni muy larga.

¿Y qué pasa con la tarta de la boda? Pues que ahora hay tartas tan bonitas que, prescindiendo de la espada del Rey Arturo, se pueden cortar con simpatía para la mesa presidencial. También en Cataluña existe la tradición de regalar la figura de novios que corona la tarta a una pareja muy cercana que esperamos se prometa pronto.

Respecto al tabaco y los puros es un tema que empieza a generar debate. Ya no se pone tabaco, pero sí se siguen ofreciendo habanos que sin excepción se disfrutarán al aire libre. En todo caso, si tenemos muchos amigos fumadores (sabiendo que en este tipo de encuentros uno fuma el doble de lo habitual, os lo dice una exfumadora) y celebramos nuestra boda en medio de la nada, no nos supone un gran esfuerzo aprovisionar un cartón de Marlboro para que nadie sufra de mono ni se convierta en un incómodo gorrón.

En cualquier caso, no nos levantamos de la mesa salvo extraordinaria y urgente necesidad. Es una falta de educación tremenda abandonar la mesa para fumar, para ir al cuarto de baño (sí, debemos ir al cuarto de baño durante el aperitivo o al finalizar la comida), para saludar a otros invitados en otras mesas, para hablar por teléfono… no solo porque es una grosería para los que permanecen sentados abusando de su educación (que esperan en ocasiones 10 o 15 minutos para poder comenzar el primer plato), sino porque también dificulta tremendamente el servicio de *catering* y el mismo ritmo de la cena.

Se abrirá la veda cuando los novios regresen a su mesa presidencial y nos inviten a acompañarlos hacia la pista de baile.

Baile

Tradicionalmente el baile se abría por los novios con un romántico vals. Hoy en día los novios escogen lo que para ellos es una
canción especial. Nosotros, por ejemplo, escogimos *La Mer* de
Charles Trenet.

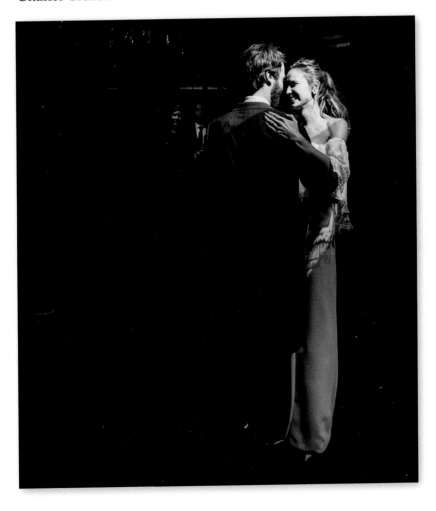

Gonzalo y yo abriendo el baile de nuestra boda. Foto: Click10 Fotografía

La novia ya ha sido «entregada» al novio durante la ceremonia, por lo que no se repite este ritual durante el primer baile. Eso sí, antes de que acabe la primera canción, el padrino pedirá permiso para bailar con la novia, el novio irá al encuentro de la madrina y saldrán a la pista de baile la madre de la novia junto con el padre del novio. A estas tres parejas se irán uniendo los hermanos de los novios y otros familiares cercanos, por lo que hay que escoger una canción suficientemente larga para que la «actuación» no se resuma a tres pasos.

Yo tuve que ir en la búsqueda (¡y captura!) de mi padre, que no había querido bailar ni en su propia boda y se había mostrado escurridizo siempre que yo sacaba el tema a colación. Al final conseguí secuestrarlo, y él mismo se desprendió del bastón disfrutando de nuestro momento para dos con una sonrisa de oreja a oreja. Mi padre nunca me había visto tan feliz como con Gon y él estaba también exultante de felicidad.

Después de *La Mer*, sonó un temazo de esos que ponen en HIT FM y se abrió la barra libre: unos se lanzaron a la pista, otros se lanzaron a los combinados... ¡y empezó la fiesta!

Esta fue la última foto de los fotógrafos pero... ¡no fue el fin de la fiesta! Foto: Click10 Fotografía

Barra libre

Ay si las barras libres hablasen. Ay si los fotógrafos se quedasen hasta el final inmortalizando lo inimaginable. Llegada esta hora (el momento más esperado por muchos invitados) el protocolo desaparece —en todos los sentidos— y le cede el paso al sentido común que, por desgracia o por los efectos derivados de la barra libre en sí misma, también muchas veces brilla por su ausencia.

Yo misma podría contaros un millón de anécdotas con las que os moriríais de risa. Pero en el camino, perdería unos cuantos amigos y abriría la veda a que ellos también contasen alguna historia mía. Uno siempre vale más por lo que calla que por lo que cuenta.

Después de que los novios abran el baile e intercambien parejas con sus padres, hay que ser benévolo con el DJ y cederle un tiempo razonable —una hora aproximadamente— para que empiece a animar la fiesta con un repertorio musical «todoterreno» que agrade a todos los invitados, abuelos incluidos.

Pasado ese tiempo, los mayores se irán retirando para —poco a poco— ir cediendo la pista de baile a los más jóvenes. En el centro, siempre, los novios manteniendo la animación y siendo bien atendidos por sus invitados.

Nuestros videógrafos de ENSU colocaron durante la barra libre una cámara fija para que nuestros amigos nos enviaran mensajes y sus mejores deseos. Y ese vídeo es un tesoro de incalculable valor con el que siempre lloro de la risa. Qué divertidos son y qué peligro tienen los micrófonos, ¡sobre todo a determinadas horas!

Por cierto, cuando los invitados acudan a despedirse de nosotros jamás les llamaremos la atención por irse demasiado pronto o insistiremos para que se queden. Es de malísima educación incomodar al invitado que ya ha tomado la decisión de marcharse, aunque creamos que vaya a perderse la mejor parte. Le agradeceremos de corazón, sin mayor rodeo, que nos haya acompañado en un día tan especial para nosotros.

Recordad, una retirada tiempo… ¡siempre es una victoria!

DE NOVIA A NOVIA

Tengo la sensación de que se me olvidan mil cosas, a pesar de que me he leído este manuscrito unas 100 veces antes de enviárselo a mi editora de Almuzara, que ha tenido la santa paciencia de retrasarme la fecha de entrega en tres ocasiones. Aún no sé, con el ajetreo de vida que llevo, cómo he conseguido acabarlo. Me lo he pasado tan bien redactándolo y recordando que, de alguna forma, me da cierta pena terminarlo.

Para mí, como novia, era muy importante ponerle el punto final a este manual con la mejor recomendación que os puedo compartir. No hay ninguna otra que valga más.

Sabed que ese tópico de que las bodas pasan volando es totalmente cierto. Así que disfrutadla y exprimidla al máximo saboreando cada momento sin parar de abrazar bien fuerte a todos vuestros invitados. Besad, reíd, bailad, cantad, saltad… como si no hubiera un mañana.

¿Los imprevistos? ¡No pasa nada! Una boda no es una boda sin anécdotas. No hace falta que todo salga según lo previsto para que sea un día memorable. Son los pequeños cambios de guión los que terminan de darle el toque auténtico a la celebración.

Porque sabiendo que en este embrollo lo más importante es con quién te casas, no cuándo ni cómo, no hay tormenta torrencial capaz de arruinar el disfrute ni la ilusión.

Es este sin duda el consejo fundamental, el infalible, el más importante de todas estas páginas para lograr una boda perfecta. Con él, a modo de conclusión final, quiero cerrar este libro y despedirme con inmenso cariño de vosotros.

Muchísimas gracias por estar al otro lado, ¡os deseo la mayor de las felicidades todos los días de vuestra vida!

Un beso, Ana.

«Hasta donde el viento da la vuelta».

15 de octubre de 2016